Schlüssel zu Karma und Wiedergeburt

Nagapriya

Schlüssel zu Karma und Wiedergeburt

Warum die Welt gerechter ist, als sie erscheint

Aus dem Englischen von Theo Kierdorf
in Zusammenarbeit mit Hildegard Höhr

Lotos

Die Originalausgabe erschien 2004 unter dem Titel »Exploring Karma and Rebirth« im Verlag Windhorse Publications, Birmingham, UK.

1. Auflage 2004

Lotos Verlag
Lotos ist ein Verlag der Verlagsgruppe Random House GmbH.

ISBN 3-7787-8170-7

Einbandgestaltung: RESSARTS, Hamburg
Gesetzt aus der Galliard bei Leingärtner, Nabburg
Druck und Bindung: GGP Media GmbH, Pößneck

INHALT

Ich widme dieses Buch Dharmachari Subhuti,
meinem Mentor und Freund,
als Dank für all seine Unterstützung und Anleitung.

Der Geist geht den Erlebnissen voraus, er geleitet sie,
und er erzeugt sie. Spricht oder handelt man
mit unreinem Geist, folgt Leiden wie das Wagenrad
den Hufen des Ochsen (der den Wagen zieht).

Der Geist geht den Erlebnissen voraus, er geleitet sie,
und er erzeugt sie. Spricht oder handelt man mit reinem
Geist, folgt Glück wie ein Schatten, der uns nie verlässt.

Dhammapada[1]

VORBEMERKUNG DES AUTORS

Karma ist ein komplexer Begriff, der mehrere Bedeutungsschichten umfasst und im allgemeinen Sprachgebrauch Unterschiedliches beinhalten kann. Gewöhnlich versteht der alltägliche Sprachgebrauch ihn heute im Sinne von Schicksal oder Bestimmung. Aus buddhistischer Sicht ist dieses Verständnis nicht nur unzutreffend, sondern auch irreführend. Im vorliegenden Buch bezeichnet *Karma* in Kursivschrift ein allgemeines Prinzip menschlichen Verhaltens. Wird das Wort in Normalschrift wiedergegeben, bezeichnet es eine gewollte Handlung (*ein* Karma) und steht für den Einfluss oder das Potenzial des früheren Verhaltens eines Menschen, beispielsweise »Nagapriyas Karma«. Die Nuancen des Begriffs werden dem Leser durch die Lektüre dieses Buches klar werden.

Ich habe das Sanskrit-Wort *karma* generell dem Pali-Begriff *kamma* vorgezogen, weil Ersteres im Englischen (und Deutschen) mittlerweile allgemein bekannt ist. In bestimmten Ausnahmefällen jedoch, beispielsweise, wenn ich aus Pali-Quellen zitiere, verwende ich die Pali-Version.*

---

* Sanskrit-Begriffe werden zwecks Hervorhebung in der deutschen Übersetzung dieses Buches generell klein und kursiv geschrieben, so auch *»karma«*, wenn es als Terminus erwähnt wird. Ausnahmen bilden in den allgemeinen deutschen Sprachgebrauch eingegangene Sanskrit-Wörter. Anm. d. Übers.

EINLEITUNG

Ich war gerade erst 18 Jahre alt, als ich das erste Mal mit dem Buddhismus in Berührung kam, und ich fragte mich damals schon, ob das Ende meines Lebens nicht mehr fern sei. Ich fühlte mich in jener Zeit einsam, war zutiefst verwirrt und stand am Rande einer psychischen Erkrankung. Ich hasste mich und mein Leben und hatte alle Hoffnung verloren. Ich sah nichts, was mich aus alldem hätte herausführen können. Mein Leiden wurde noch verstärkt durch mein Gefühl, ich würde immer so bleiben, wie ich damals war: Ich würde immer die gleichen Gewohnheiten, Ängste, Zweifel und Schwierigkeiten haben. Ich fühlte mich in meinem eigenen Geist gefangen und gelangte in einer spiralförmigen Abwärtsbewegung in immer trostlosere Zustände. Was für ein beklagenswerter Anblick muss ich gewesen sein, als ich 1989 das erste Mal vor der Tür des winzigen buddhistischen Zentrums in Leeds stand.

Die wohl befreiendste Botschaft, die ich in jenen schwierigen ersten Monaten meiner Auseinandersetzung mit den buddhistischen Lehren aufnahm, war: Ich kann mich verändern. Dies war für mich ein Lichtstrahl in der allgemeinen Finsternis. So selbstverständlich oder gar banal diese Einsicht vielen erscheinen mag, für mich war sie eine Offenbarung. Zum ersten Mal, so schien es mir zumindest, entdeckte ich, dass ich nicht unabänderlich festgelegt war. Ich brauchte nicht immer so zu bleiben, wie ich zu einem bestimmten

Zeitpunkt war. Ich konnte etwas anderes werden. Die Entdeckung, dass ich mich verändern konnte, war für mich wie ein Rettungsring, an den ich mich festklammerte. Seit jener Zeit war ich mehr als einmal kurz davor, im eisigen Wasser der Verzweiflung zu versinken, doch wenn ich mir in solchen Situationen die simple Einsicht »Ich kann mich verändern« vergegenwärtige, gelingt es mir, einen Weg zu erkennen, der weiterführt. Wahrscheinlich überzeugte mich diese eine Lehre mehr als jede andere davon, dass der Buddhismus einen Pfad wies, dem ich folgen wollte.

Ist die Überzeugung, dass wir alle uns verändern können, die Essenz des Buddhismus? Die buddhistische Lehre hat sich in über zwei Jahrtausenden entwickelt, sie hat in vielen Kulturen Fuß gefasst, und sie beinhaltet natürlich wesentlich mehr als die simple Erkenntnis, dass wir uns verändern können. Nach jener ersten Botschaft, die auf mich wie eine Offenbarung wirkte, hörte ich noch viele andere buddhistische Lehren – beispielsweise dass ich mich verändern kann, weil ich keine ein für alle Male festgelegte Seele *(ātman)* habe, sondern wie alles andere (wie jedes Objekt) aus einer sich ständig verändernden Ansammlung von Bedingungen bestehe. Ich lernte auch, dass ich mich auf verschiedene Weisen verändern kann: zum »Besseren« und zum »Schlechteren«. Ich kann also nicht nur weiser, gütiger und glücklicher, sondern auch dümmer, grausamer und niederträchtiger werden. Weiterhin lernte ich, dass es ganz und gar an mir liegt, wie ich mich verändere und was ich erlebe: Ich ernte die Früchte meiner früheren Handlungen und säe Samen, deren Früchte ich in Zukunft ernten werde. Diese Botschaft war für mich nicht nur befreiend, sondern auch beängstigend, denn sie beinhaltet, dass ich für mein Leben, mein Glück oder Unglück und für die Art, wie ich in der Welt wirke und auf die Welt einwirke, selbst verantwortlich bin. Zwar kann ich den schwarzen Peter jemand anderem zuschieben oder andere Menschen beschuldigen, doch muss ich der Tatsache ins Auge sehen, dass ich die Freude und die Verzweiflung, die Liebe und den Hass, den Sinn und die Sinnlosigkeit, die mein alltägliches Erleben ausmachen, Augenblick für Augenblick selbst schaffe.

Im Laufe meiner weiteren Auseinandersetzung mit diesen Themen und meiner spirituellen Übung gelang es mir allmählich, die anfangs noch sehr isolierten Einsichten in den Zusammenhang der buddhistischen Lehren zu integrieren. Zu den vielen Lehren, mit denen ich mich beschäftigte, zählten auch diejenigen über *Karma* und Wiedergeburt. Doch so sehr mir die Vorstellung, dass ich mich verändern könnte, zugesagt hatte, so wenig behagten mir die formelleren Lehren des Buddhismus, und sie erschienen mir sogar als befremdlich. Im Laufe der Zeit gewann ich den Eindruck, die »vorgefertigten« Lehren der buddhistischen Tradition »passten« nicht so recht zu meinem Erleben – so wie ein Anzug von der Stange manchmal um die Schultern spannt oder an den Beinen zu lang ist. Mir wurde klar, dass zumindest ein Teil der Lehren in ihrer traditionellen Form nicht völlig mit meinem Empfinden dessen übereinstimmte, wie das Leben tatsächlich ist. Diese Entdeckung machen Menschen, die sich mit dem Buddhismus beschäftigen, keineswegs selten. Auf einige wirkt sie Besorgnis erregend oder sogar verunsichernd, weil ihre eben erst neu gefundene Gewissheit, Klarheit und Zielgerichtetheit dadurch erschüttert wird. Um dieses unangenehme Gefühl nicht zu erleben, ignorieren manche die Diskrepanz einfach und schreiben sie der Tatsache zu, dass ihre Erfahrung begrenzt ist – was natürlich durchaus stimmen mag. Andere verlieren das Vertrauen zu den Lehren und engagieren sich nicht mehr für sie, weil sie ihnen als unzutreffend, überholt oder gar mittelalterlich erscheinen.

Mir persönlich geht es um eine kritische Auseinandersetzung mit den Lehren des Buddhismus mit dem Ziel, den in ihnen verborgenen befreienden Wert zu erschließen – falls es einen solchen gibt. Wenn sie nicht perfekt zu unserer heutigen Situation passen oder zu passen scheinen, bedeutet das nicht unbedingt, dass sie völlig ohne jeden Nutzen sind; sie könnten auch in einer ganz bestimmten Situation für spezifische Zwecke entwickelt worden sein – was bedeuten würde, dass wir sie neu interpretieren und an die Erfordernisse unserer heutigen spirituellen Situation anpassen müssen.

Gewöhnlich nähern wir uns religiösen Lehren genauso wie alltäglichen Aussagen über das, was wir erleben: Wir halten sie für entweder »wahr« oder »unwahr«. Vielleicht halten wir sie auch für einen »Spiegel der Natur«, der die Welt exakt so wiedergibt, wie sie in einem absoluten und ultimativen Sinne ist. Falls wir sie akzeptieren, verabsolutieren wir sie möglicherweise. Meist übernehmen wir sie als »ganzes Paket«: Wenn dies wahr ist, ist das vermutlich auch wahr. Wir werden zu »Verteidigern des wahren Glaubens«, dem wir uns verpflichtet haben, und es kann sogar sein, dass wir jede Kritik an ihm wie einen Angriff auf uns persönlich empfinden. Wir setzen auf die Wahrheit der Lehren und werden möglicherweise so dogmatisch, defensiv und sogar aggressiv, dass wir unsere Kritiker unterdrücken oder verfolgen. Irgendwo im Hintergrund unseres Bewusstseins mögen wir spüren, dass nicht alles, wofür wir uns engagieren, wirklich in sich schlüssig oder sinnvoll ist, aber das veranlasst uns nur dazu, die »wahre Lehre« noch starrsinniger zu verteidigen. Wenn eine spirituelle Tradition Substanz hat, braucht sie nicht verteidigt zu werden, und sie vermag einer redlichen Untersuchung standzuhalten. Tut sie dies nicht, sollten wir uns wahrscheinlich nach etwas Besserem umschauen.

Der Buddha selbst scheint mit Aussagen darüber, was er verstanden hatte und was er deshalb lehrte, sehr vorsichtig gewesen zu sein. Er verfolgte ein ganz spezifisches Projekt, das er als Lehre über »das Leiden und die Beendigung des Leidens« bezeichnete. In einem berühmten Gleichnis beschrieb er sein *Dharma* (seine Lehre) als ein Floß, das uns zum anderen Ufer, dem Bereich des spirituellen Erwachens, befördern könne.[2] Die Lehren des Buddha waren also pragmatisch; sie zielten auf ganz bestimmte Resultate. In einigen Fällen war der Buddha sogar zur Nutzung von eindeutig mit nicht-buddhistischen Zielen verbundenen Vorstellungen und Annahmen bereit, weil er mit ihrer Hilfe die spirituelle Entwicklung zu fördern hoffte.[3] Dementsprechend dient das Floß einem praktischen Zweck, dem Transport; es ist also kein Selbstzweck.

Wenn wir Bedeutung und Wert einer bestimmten buddhistischen Lehre beurteilen wollen, müssen wir uns über ihren praktischen Wert klar werden. Wie hilft sie uns, spirituelle Fortschritte zu erzielen? Spirituelle Lehren entstehen unter bestimmten Bedingungen und in Reaktion auf bestimmte Probleme. Die Form, in der sie zum Ausdruck gelangen, entspricht einem konkreten Bedürfnis. Buddhistische Lehren sind keine Spiegel der Natur, sondern ähneln eher sorgfältig ausgewählten Bildmotiven, so wie ein guter Fotograf sie komponiert: Wichtige Details werden klar im Vordergrund dargestellt, wohingegen der Hintergrund oft ziemlich verschwommen wirkt. Ein Porträtfotograf behandelt nicht alles, was sich im Blickfeld befindet, gleichwertig, sondern trifft eine gezielte Auswahl, die der gewünschten Komposition und Wirkung entspricht. Ebenso sollte man die buddhistischen Lehren nicht als Versuche verstehen, die Welt in einem absoluten Sinne so zu beschreiben, »wie sie ist«, sondern als eine Reihe von Perspektiven, die es uns ermöglichen, auf sinnvollere, freudigere und kreativere Weisen zu leben.

Wäre der Buddha in unserer Zeit geboren worden, hätte er anders gelehrt als zu seinen Lebzeiten, möglicherweise sogar dramatisch anders, weil die Themen und Probleme, mit denen wir heute konfrontiert werden, ihre einzigartige Charakteristik haben. Kreativer Umgang mit den spirituellen Herausforderungen der Gegenwart erfordert, der Weltsicht und der Psychologie, dem Lebensstil und den Sozialstrukturen der postmodernen Welt Rechnung zu tragen. Man kann also nicht einfach so tun, als entspreche die Welt, in der wir heute leben, mehr oder weniger der Welt des alten Indien. Damit meine ich nicht, dass die Lehren des Buddha nicht von dauerhaftem Wert sind, dass sie nur für das Indien der Zeit um 500 vor Beginn der christlichen Zeitrechnung Gültigkeit haben. Allerdings bin ich der Auffassung, dass der dauerhafte Wert dieser Lehren manchmal vom schmückenden Beiwerk eines fremdartigen kulturspezifischen Vokabulars befreit werden muss, dessen vorrangige Intentionen nicht unbedingt die unseren sind.

Der Buddha soll gesagt haben, man solle seine Worte so prüfen, wie ein Goldschmied Gold im Feuer prüfe.[4] Demnach ist ein Buddhist, der sich ernsthaft der spirituellen Übung widmet, verpflichtet, die buddhistischen Lehren auf ihre Stimmigkeit hin zu untersuchen. Wir sollten nicht auf Zehenspitzen um sie herumschleichen aus Angst, sie könnten wie ein Kartenhaus in sich zusammenstürzen, denn wenn sie tatsächlich so leicht zu erschüttern wären, wäre es närrisch von uns, Vertrauen in sie zu setzen. Wenn wir die Lehren kennen lernen, müssen wir uns ernsthaft mit ihnen auseinander setzen und sie gründlich prüfen. Halten sie einer solchen Prüfung stand? Nur eine solche Untersuchung ermöglicht uns, unter ihre Oberfläche zu schauen und den in ihnen verborgenen spirituellen Schatz zu heben.

Ich möchte dies anhand eines Gleichnisses veranschaulichen. Auf den ersten Blick mag eine Kokosnuss auf uns ziemlich exotisch wirken. Sie hat merkwürdig borstige braune Haare, und wenn man sie schüttelt, entsteht ein rasselndes

Geräusch. Was befindet sich in ihrem Inneren? Und woher stammt es? Wenn wir über diese geheimnisvolle Frucht, diese Kuriosität der Natur, nachsinnen, versäumen wir leicht, uns klarzumachen, dass wir sie, würden wir sie öffnen, tatsächlich kosten könnten. Dazu bräuchten wir einen Hammer und müssten ihr damit einen kräftigen Schlag verpassen. Sie würde dann in Stücke zerspringen, und diese würden auf den Küchenboden fallen. Natürlich kann dadurch ein ziemlicher Schlamassel entstehen, und vielleicht überkommt uns sogar das Gefühl, etwas verloren zu haben, weil die vollkommene Ganzheit der Kokosnuss zerstört ist. Doch erst dann können wir sie essen – oder wir stellen fest, dass nichts Wertvolles in ihr steckt.

Der deutsche Theologe Paul Tillich hat die Begriffe des ungebrochenen und des gebrochenen Mythos[5] entwickelt. Als ungebrochen bezeichnet er Mythen, die in buchstäblichem Sinne für wahr gehalten werden, beispielsweise die Überzeugung, dass Christus nach seiner Kreuzigung tatsächlich in einem physischen Körper auferstanden und den Weg nach Emmaus gegangen ist.[6] Nach Tillichs Meinung sind heutzutage die meisten Menschen nicht in der Lage, an derartige Mythen zu glauben, ohne ihren wahren Gedanken und Gefühlen gegenüber unehrlich zu sein. Vielmehr hegen wir »gebrochene« Mythen, denen wir, obwohl wir sie nicht als geschichtliche Tatsachen verstehen, trotzdem eine tiefe Bedeutung beimessen: Wir glauben, dass sie eine Wahrheit verkörpern und dass sie ihren Wert und ihre Bedeutung haben, doch glauben wir nicht mehr im buchstäblichen Sinne an sie. Beispielsweise könnten wir die Auferstehung in einem modernen Sinne eher metaphorisch und spirituell verstehen: als Manifestation von Glauben im Herzen des Gläubigen.

Richard Holloway, der als anglikanischer Bischof in Edinburgh gewirkt hat, geht noch weiter, indem er anregt, statt von »gebrochenen Mythen« zu sprechen, sollten wir »Mythen aufbrechen«.[7] Er versteht die Bedeutung eines Mythos als etwas Verborgenes, das wir wie eine Frucht nur kosten können, wenn wir ihre Haut durchdringen. Meiner Meinung nach ist diese Sichtweise auch für die Enthüllung der spirituellen Bedeutung der buddhistischen Lehren von Nutzen. Die traditionellen Lehren sind häufig in eine kulturelle Struktur und eine entsprechende Kosmologie eingebettet, die auf spirituell Suchende unserer Zeit befremdlich wirken können. Doch deshalb brauchen wir sie nicht unbedingt in Bausch und Bogen abzulehnen. Wir müssen vielmehr ihre Rinde abschälen, um das lebendige Kernholz darunter zu entdecken – den transformierenden Wert der Botschaft des Buddha.

Ich untersuche in diesem Buch eine Anzahl traditioneller buddhistischer Lehren auf eine Weise, die einigen Lesern wahrscheinlich als unehrerbietig oder gar als bilderstürmerisch erscheinen wird. Ich versuche so zu ergründen, welche Bedeutung diese Lehren für unsere einzigartige kulturelle und historische Situation haben könnten. In mancherlei Hinsicht ist mein Ansatz sehr persönlich, denn er ist aus den intellektuellen und spirituellen Schwierigkeiten entstanden, die ich selbst im Rahmen meiner Auseinandersetzung mit der buddhistischen Tradition hatte. Ich hoffe aber, dass meine Bemühungen Ihnen, den Lesern dieses Buches, etwas sagen, auch wenn Sie meinen Ansichten nicht zustimmen. Ich hoffe, dass meine Ausführungen Sie dazu anregen, gründlicher über die erörterten Themen nachzudenken. Mir geht es nicht um endgültige Antworten, sondern ich möchte Fragen aufwerfen und Sie zur Untersuchung ermutigen. Martin Heidegger hat gesagt:

> Die Fragen sind Wege zu einer Antwort. Sie müsste, falls sie einmal gewährt würde, in einer Verwandlung des Denkens bestehen, nicht in einer Aussage über einen Sachverhalt.[8]

1

EINLEITENDES ZU KARMA UND WIEDERGEBURT

Die menschliche Existenz ist etwas Merkwürdiges. Sie erscheint gleichzeitig als geheimnisvoll, wunderbar, seltsam und Furcht erregend. Wir finden uns in eine Welt geworfen, die wir nicht verstehen. Deshalb suchen wir nach einer Erklärung, einer Landkarte, mit deren Hilfe wir uns in diesem unheimlichen Gebiet orientieren können. Warum sind wir hier? Woher kommen wir? Was für ein Ort ist das hier? Was wird geschehen, wenn wir sterben? Die Tatsache, dass wir unser Leben hinterfragen können, dass wir uns damit auseinander setzen können, was es bedeutet und wohin wir streben, ist schon an und für sich seltsam und beunruhigend. Wie Außerirdische auf einem fremden Planeten, die vergessen haben, woher sie kommen, versuchen wir, eine Geschichte zu rekonstruieren, die wir unser Leben nennen, und ein Szenario, das wir als die Welt bezeichnen. Wir folgen Regeln, schreiben Dinge auf und versuchen, uns daran zu erinnern, wer wir sind und was wir tun sollten. Wie der Protagonist des Films *Memento*[9], Leonard, der sein Kurzzeitgedächtnis verloren hat, fassen wir Fragmente zusammen, die wir für bedeutsam halten, um dann feststellen zu müssen, dass die Geschichte, die wir uns zusammengebastelt haben, so fragwürdig ist, dass sie jeden Moment auseinander fallen kann. Zwar tätowieren wir nicht wie der Hauptdarsteller des genannten Films Notizen in unsere Haut, um das Geheimnis zu begreifen, mit dem wir uns konfrontiert sehen, doch ätzen wir solche Anhaltspunkte in unseren Geist ein und fügen so eine Geschichte zusammen, um dem Geheimnis, das unser Leben ist, einen gewissen Sinn abzugewinnen.

Während unserer Reise auf diesem merkwürdigen Planeten begegnen wir anderen Wesen, und schon bald merken wir, dass die meisten von ihnen anders sind als wir. Menschen unterscheiden sich voneinander durch viele Faktoren: durch ihre Hautfarbe, ihre Sprache, ihre Kultur, ihre Intelligenz, ihren Besitz und vieles andere mehr. Wir entdecken, dass einige Kinder völlig mittellos geboren werden, andere hingegen mit silbernen Löffeln im Mund. Aus Fernsehsendungen und Zeitungen wissen wir, dass manche Menschen in Ländern aufwachsen, die von Kriegen, Hungersnöten, Überschwemmungen und Erdbeben heimgesucht werden, während andere in einer friedlichen Situation geboren werden, in der es genug zu essen gibt und Katastrophen selten sind. Wenn wir Berichte von Überschwemmungen in Mosambik oder von Erdbeben in Indien hören, können wir leicht auf den Gedanken kommen, dass es einigen Völkern bestimmt ist, immer wieder von Katastrophen heimgesucht zu werden. Das Leben mancher Menschen ist eine einzige Tragödie, wohingegen anderen Erfolg um Erfolg wie von selbst zuzufallen scheint. Es gibt echte Unglücksraben, während anderen ständig das Glück zu lachen scheint. Wenn wir auch nur ein wenig neugierig sind, fragen wir uns sicherlich, warum dies alles so ist. Wer und was ist für diese Unterschiede verantwortlich? Den krassen Gegensätzen zwischen

Reichen und Armen, vom Glück Gesegneten und vom Pech Verfolgten muss doch irgendeine innere Logik, eine nachvollziehbare Regel zu Grunde liegen! Es müsste doch möglich sein, eine Erklärung dafür zu finden, weshalb die Welt so unfair ist.

Ist Gott der Grund? Oder das Schicksal? Ist uns das, was wir erleben, von Anfang an bestimmt? Folgt unser Leben unabänderlich einem im Voraus festgelegten Lauf? Gibt es irgendein göttliches Prinzip, das in unser Leben eingreift, um unser Schicksal zu steuern? Oder beruht der Verlauf unseres Lebens einfach auf Glück und einer unberechenbaren, zufälligen Verteilung von guten und schlechten Losen? Oder bekommen wir schlicht, was zu bekommen wir verdienen? Das Leben behandelt nicht alle Menschen gleich; zumindest das ist ziemlich klar. Aber wie können wir diese launenhafte und unfaire Realität verstehen und erklären?

Das menschliche Herz sehnt sich zutiefst nach Antworten auf Fragen dieser Art. Vielleicht sind wir sogar der Auffassung, dass es eine wichtige Funktion der Religion sei, solche Ungleichheiten befriedigend zu erklären. Die Frage, warum das Glück nicht alle Menschen gleichermaßen begünstigt, hat religiöse Denker zu allen Zeiten beschäftigt. In den frühen buddhistischen Schriften stellt Subha, der Sohn eines berühmten Brahmanen, eine Frage dieser Art dem Buddha.[10] Subha möchte wissen, warum einige Menschen reich und andere arm sind, warum einige lange und andere kurz leben, warum einige hässlich und andere schön, einige dumm und andere weise sind. Kurz: Er sucht nach einer Erklärung für die Ungleichheit. Die überlieferte Antwort des Buddha ist sehr kurz und bündig:

> O Schüler, Wesen sind Eigner ihrer Handlungen (*karmas*), Erben ihrer Handlungen; sie gehen aus ihren Handlungen hervor, sind an ihre Handlungen gebunden und nutzen ihre Handlungen als ihre Zuflucht. Es ist das Handeln, das mindere von höheren Wesen unterscheidet.[11]

Dieses berühmte Buddha-Wort umreißt in Kurzform die buddhistische Lehre über *Karma*. Doch was sollen wir daraus schließen? Zwar ist das Wort *karma* (wörtlich: »Tat«) heute ein fester Bestandteil moderner westlicher Sprachen, doch ist seine Bedeutung immer noch alles andere als klar. Vereinfacht ausgedrückt ist *Karma* ein das menschliche Verhalten bestimmendes moralisches Prinzip. Es erklärt, dass unser gegenwärtiges Erleben durch unser früheres Verhalten bedingt ist und dass unser heutiges Verhalten unser zukünftiges Erleben bedingt. Einigen mag dies als völlig selbstverständlich erscheinen, doch die meisten Versuche, das Phänomen *Karma* zu verstehen, gehen weit über diese Beschreibung hinaus. Bevor ich meine eigene vorläufige Definition des Begriffs *Karma* beschreibe, möchte ich kurz einige der gängigsten Vorstellungen über *Karma* erläutern, um darauf aufbauend klarer darlegen zu können, worum es bei alldem geht.

Zunächst wird *Karma* oft mit dem allgemeinen buddhistischen Prinzip der Entstehung in Abhängigkeit *(pratītya samutpāda)* gleichgesetzt. Dieses wird im Buddhismus als das »Meistergesetz des Universums«[12], das Gesetz der Verursachung bezeichnet. In Kapitel 3 wird beschrieben, inwiefern diese Verständnisweise eine *Anwendung* der buddhistischen Lehre von der Entstehung in Abhängigkeit mit dem *allgemeinen Prinzip* der abhängigen Entstehung vermischt. Diese Vermischung hat sich in der irreführenden Sichtweise niedergeschlagen, dass alle Resultate von moralischen Kräften bestimmt werden.

Zweitens wird *Karma* oft als ein Prinzip moralischen Ausgleichs beschrieben, das im Universum Gleichgewicht und Harmonie wiederherstellt.[13] Wenn ich auf irgendeine Weise verwerflich handle, wird mir früher oder später unvermeidlich irgendetwas Böses passieren, was erforderlich ist, um das Universum wieder »ins Gleichgewicht zu bringen«. Demgemäß müssen wir unsere Handlungen als fast mechanische Transaktionen mit festem Wert sehen, denen irgendwann ein angemessener Ausgleich folgt.

Weiterhin wird *Karma* zuweilen als »vergeltendes« Prinzip beschrieben, als »ehernes Gesetz«, als Grundlage eines »gerechten« Universums, die dafür sorgt, dass Übeltäter bestraft und Tugendhafte belohnt werden. Wenn wir also irgendetwas Übles erleben, dann *muss* demnach der Grund sein, dass wir selbst etwas Übles getan haben, entweder früher in diesem Leben oder in einem früheren Leben, weshalb wir das Übel, das uns widerfährt, »verdient« haben. Und wenn wir irgendeine Belohnung erhalten oder uns ein Glück widerfährt, dann *muss* der Grund unser tugendhaftes Verhalten in der Vergangenheit sein. Zwar ist es nicht völlig falsch, *Karma* als vergeltendes Prinzip zu beschreiben, doch kann diese Darstellung deshalb irreführend wirken, weil sie den Eindruck erweckt, es handle sich dabei um eine Art kosmischen Richter oder um eine intelligente Kraft, die leidenschaftslos bestraft und belohnt, wie es den jeweiligen Umständen gemäß ist. Außerdem legt diese Sichtweise nahe, *alles* Glück und Unglück in Zusammenhang mit persönlicher moralischer Stärke oder Schwäche zu erklären. Demnach wäre kein Leid ungerechtfertigt und kein Segen unverdient. Dies werde ich im Folgenden hinterfragen.

Schließlich wird *Karma* von einigen als ein Prinzip der Unvermeidlichkeit verstanden, ähnlich dem des Schicksals – was bedeutet, dass gewisse Dinge ganz einfach »vorbestimmt« sind. Wird beispielsweise mein Auto gestohlen, so ist das nach diesem Verständnis mein Karma, ebenso wie wenn ich in der Lotterie gewinne oder von Außerirdischen entführt werde. Doch was bedeutet es, dass irgendetwas »mein Karma« ist? Das ist keineswegs so klar, wie es scheinen mag. Eine solche Feststellung könnte eine oberflächliche Erklärung eines unerwarteten und unerwünschten Zufalls sein. In welchem Sinne solche Ereignisse geschehen »müssen« und passend sind, liegt keineswegs klar auf der Hand, und derartige Behauptungen werden auch nur selten durch Erklärungen untermauert. Ein Mangel solcher Urteile ist, dass sie immer erst *nach* dem betreffenden Ereignis gefällt werden; deshalb ist es unmöglich, sie zu bestätigen oder zu widerlegen. Im Nachhinein können wir immer leicht behaupten, dass wir »es haben kommen sehen«.

Verständnisweisen wie die soeben beschriebenen können dazu führen, dass *Karma* als eine Art mystisches Gesetz angesehen wird, dessen Wirkung unmöglich zu ergründen ist, das jedoch auf geheimnisvolle Weise den Lauf der Dinge steuert. Werden gegen eine solche Sichtweise Einwände erhoben, kann man darauf verweisen, dass sich das Wesen dieses Gesetzes mit Worten letztlich nicht erfassen lässt. So wird der Glaube an *Karma* zu einer Art Dogma, und es wird gar nicht mehr als möglich eingeräumt, dieses Phänomen auf Grund eigenen Erlebens zu verstehen. Durch diese Sichtweise entstehen zwei Schwierigkeiten. Die erste ist: Wenn man davon überzeugt ist, dass *Karma* das weiter oben Beschriebene beinhaltet, vermögen weder vernünftige Einwände, so zahlreich sie auch sein mögen, noch offensichtliche Widersprüche die Anhänger der geschilderten Verständnisweisen zur Infragestellung ihrer Auffassung zu bringen. Und zweitens: Wenn man den Glauben an ein mystisches karmisches Gesetz nicht hat, ist es schwierig, sich ihn anzueignen, weil man kaum einsehen wird, dass einem Ereignis (etwa dem Einschlag eines Meteors) eine moralische Ursache zu Grunde liegt, wenn sich der betreffende Vorfall leicht auf andere Weise erklären lässt. Ich persönlich halte *Karma* für ganz und gar nicht mysteriös, sondern sehe es als einen festen Bestandteil des gewöhnlichen, alltäglichen Lebens an. Wir brauchen keine speziellen mystischen Kräfte, um zu verstehen, wie *Karma* wirkt, sondern nur ein wenig gesunden Menschenverstand. *Karma* ist eine Gesetzmäßigkeit der menschlichen Existenz, deren Einfluss in unseren alltäglichen Entscheidungen zu erkennen ist.

In diesem Buch wird *Karma* als ein Prinzip verstanden, das zeigt, wie von moralischem Empfinden geleitetes Verhalten (was Gedanken einschließt) sich auf uns selbst, andere Menschen und die Welt auswirkt. Zunächst verändern wir durch absichtliches Handeln uns selbst: Wir werden zu dem, was wir tun, sagen und denken. Zweitens beeinflusst unser Verhalten, wie andere auf uns bezogen denken und handeln – ohne jedoch ihr Denken und Handeln zu determinieren. Drittens bewirkt unser individuelles Verhalten, dass wir die Welt auf unsere einzigartige Weise erleben; in einem gewissen Sinne erzeugt es unsere Welt. Beispielsweise ist es ein Resultat unseres Karmas, ob wir die Welt als beängstigend oder angenehm empfinden. Dieses *Karma*-Verständnis ist in erster Linie psychologisch, im Gegensatz zu den weiter oben erläuterten, eher kosmologischen Beschreibungen.

Allerdings ist die obige Definition vielleicht etwas voreilig. Wie wir sehen werden, gibt es in den religiösen Traditionen Indiens unterschiedliche *Karma*-Lehren, und sogar innerhalb des Buddhismus gibt es keine allgemein verbindliche Sichtweise des *Karmas*. Trotzdem glaube ich, dass unser Ausgangspunkt der Idee des *Karmas*, so wie sie traditionell aufgefasst und verstanden wird, zumindest einigermaßen gerecht wird und dass er außerdem bestimmten modernen Arten, die Welt zu verstehen, Rechnung trägt.

Im Buddhismus wird das Prinzip des *Karmas* als unauflöslich mit der Vorstellung der Wiedergeburt oder des Wieder-Werdens *(punabbhava)* verbunden angesehen. Dieser Lehre zufolge werden wir nach unserem Tode wiedergeboren, und zwar nicht im ewigen Himmel oder in der Hölle, sondern in einem neuen physischen Körper, welcher der moralischen Qualität entspricht, die wir in unserem gegenwärtigen Leben (und manchmal auch in früheren Leben) zum Ausdruck gebracht haben. Die buddhistische Tradition hat eine detaillierte Kosmologie entwickelt, um zu erklären, welche Art von Wiedergeburt wir bei Vorliegen bestimmter moralischer Stärken oder Verfehlungen zu erwarten haben. Wichtig ist, dass der Prozess der Geburt, des Todes und der Wiedergeburt *(saṃsāra)* angeblich so lange fortgesetzt wird, bis wir zur spirituellen Befreiung gelangen. Hierzu später mehr.

Doch was sollen wir mit dieser Vorstellung von der Wiedergeburt anfangen? Vielen Menschen der westlichen Welt, die dem materialistischen Paradigma der modernen Wissenschaft gemäß erzogen worden sind, erscheint die Idee der Wiedergeburt vermutlich als ziemlich naiv oder sogar primitiv (was natürlich noch nicht bedeutet, dass sie deshalb falsch oder nutzlos sein muss). Worauf basiert die Behauptung des Buddhismus, dass die Wiedergeburt tatsächlich stattfindet? Wie kommt es zur Wiedergeburt? Ist sie wörtlich zu verstehen oder wie eine Art Mythos von eher symbolischer Bedeutung? Kann die Idee des *Karmas* irgendeinen Sinn haben, wenn sie nicht mit der Idee der Wiedergeburt verbunden ist? Dies sind einige der Fragen, mit denen ich mich in diesem Buch beschäftigen werde.

Im Folgenden werden wir uns kritisch mit einigen traditionellen Beschreibungen der Lehren über *Karma* und Wiedergeburt auseinander setzen. Wir werden sehen, wie sich das buddhistische Verständnis dieser Lehren aus früheren religiösen Strömungen Indiens entwickelt hat – ein Umstand, der zu Verwirrung und Widersprüchen auch innerhalb des Buddhismus selbst geführt hat. Mir geht es jedoch weniger darum, klarzustellen, ob diese Darstellungen wahr oder falsch sind, sondern ich versuche herauszufinden, ob und wie sie als glaubwürdige Überzeugungen für die spirituelle Entwicklung von Nutzen sein können. Um ein sinnvolles spirituelles Leben führen zu können, benötigen wir Überzeugungen und Praktiken, die uns motivieren, an unserer Transformation im positiven Sinne zu arbeiten. Deshalb geht es meines Erachtens nicht so sehr darum, ob wir glauben oder nicht, sondern eher darum, *wie* das, *was* wir glauben, unsere Lebensweise beeinflusst. Wir können diese Art von Selbstprüfung noch erweitern: Wie beeinflussen *alle* unsere Überzeugungen und Sichtweisen unsere Handlungen? Ermöglichen uns unsere Überzeugungen bezüglich der Welt, kreativer zu leben? Wenn nicht, sollten wir dann etwas verändern? Bei der Orientierung an diesem Ansatz müssen wir uns meiner Meinung nach hüten, unsere spirituelle Integrität oder »Heiligkeit« daran zu messen, wie groß der Anteil der traditionellen Lehren ist, denen wir zustimmen können. Das Ziel des spirituellen Lebens ist Selbsttransformation, nicht Zustimmung zu bestimmten religiösen Anschauungen. Ein echter Buddhist ist jemand, der sich bewusst mit spirituellen Überzeugungen beschäftigt, um herauszufinden, ob und wie sie das Gewahrsein, die ethische Sensibilität und die kreative Auseinandersetzung mit dem Leben fördern.

2

DIE URSPRÜNGE VON KARMA UND WIEDERGEBURT

Es wäre naiv anzunehmen, dass die Vorstellungen über *Karma* und Wiedergeburt wie Offenbarungen aufgrund der spirituellen Macht des Buddha von Anfang an in voll entwickelter Form existiert hätten. Ideen brauchen Nahrung und günstige Wachstumsbedingungen, um reifen zu können, und Lehren treten nur selten auf eine so dramatische Weise in Erscheinung. Sie gedeihen in einem umfassenden kulturellen Kontext von Ideen und Praktiken und entwickeln sich häufig in Reaktion auf spezifische Probleme und Schwierigkeiten. Sie können auch *in Opposition* zu existierenden Vorstellungen entstehen, und genau dies gilt für einige wichtige Charakteristika der buddhistischen Beschreibung von *Karma* und Wiedergeburt. Obwohl das spirituelle Erwachen des Buddha völlig neuartig war, musste er auf die zu seiner Zeit gängigen religiösen Ideen Bezug nehmen, um das, was er erlebt hatte, auszudrücken. Er mochte zwar einen neuen Wein entdeckt haben, doch musste er ihn in die alten Flaschen füllen. Deshalb müssen wir, wenn wir verstehen wollen, worum es in den spezifisch buddhistischen Beschreibungen von *Karma* und Wiedergeburt tatsächlich ging, mehr über ihren kulturellen und religiösen Hintergrund herausfinden.

Karma und Wiedergeburt vor dem Erscheinen des Buddha

In der Ursprungskultur des Buddhismus dominierten das Denken und die religiösen Praktiken der Brahmanen. Der Brahmanismus bezog seine Inspiration aus mündlich offenbarten Texten, insbesondere den Vedas und später den Upanischaden. Die Ideen des *Karmas* und der Wiedergeburt entwickelten sich von einer ursprünglich sehr vagen Form in den Vedas allmählich zu einer klareren, wie sie in einigen Upanischaden zu finden ist. Der Buddhismus hat sein Denken *bezogen* auf das brahmanische Denken entwickelt, und zwar sowohl im positiven als auch im negativen Sinne: Einerseits übernahm er gewisse Schlüsselbegriffe und religiöse Themen als paradigmatische Grundlage für das spirituelle Leben; andererseits lehnte er einige wichtige brahmanische Ideen ab, beispielsweise die über *ātman* (die ewige Seele). Drei Zentralideen bildeten den Kern dieses neuen religiösen Paradigmas, das zur Basis späterer spiritueller Traditionen Indiens werden sollte. Diese waren *saṃsāra* (der endlose Kreislauf), *karma* und *mokṣa* (Befreiung).[14]

Die religiöse Praxis des Brahmanismus konzentrierte sich auf rituelle Opfer, denen eine magische Wirkung auf das Leben des Kosmos zugeschrieben wurde. Die Zeit existierte diesem Verständnis gemäß nicht unabhängig, sondern sie musste durch die Opfer geschaffen und erhalten werden. Die Götter erhielten den Kosmos, und das Leben der Götter wurde durch Wiedergeburten verlängert, die ebenfalls durch die Opfer der Brahmanen ermöglicht wurden. Wie das Leben der Götter musste auch das Leben des Menschen erhalten werden, doch war es dem Menschen im Gegensatz zu ersteren bestimmt, am Ende seiner natürlichen Lebenszeit zu sterben.

Während von der menschlichen Existenz nach dem Tode in den Vedas nur sehr vage die Rede ist, beschreiben spätere Texte, *Brāhmaṇas* genannt, die Zeit nach dem Tode klarer. Das Opfer verstand man nun als Mittel zur Sicherung der Wiedergeburt in einem *devaloka* genannten Bereich, der jenem der Götter ähnelte. Führte man die erforderlichen Rituale richtig aus, konnte man das dadurch erlangte »Verdienst« *(puñña)* auf einen Zustand nach dem Tode übertragen und so das Leben im *devaloka* erhalten. So entstand die Vorstellung von einer Welt, in die jene, die durch sachgemäß ausgeführte Opfer genügend Verdienst angesammelt hatten, nach dem Tode eingehen würden. Die Wiedergeburt im *devaloka* wurde durch die richtige Ausführung von Ritualen möglich. Mit Ethik hatte dies also noch nicht viel zu tun. Im Einklang mit einem System von Entsprechungen schrieb man korrekt ausgeführten Ritualen eine magische Kraft zu, die Verdienst erzeugte, das der Person, die das Opfer darbrachte, *automatisch* zukünftige Wohltaten garantierte.[15] Durch das Opfer entstand eine Art karmisches Guthaben, das man nach dem Tode einlösen konnte.[16]

In dieser Phase herrschte noch die Auffassung, das Leben im Reich der *Devas* werde irgendwann enden, und dann trete der endgültige Tod ein. Deshalb entwickelte sich die Vorstellung, dieser Tod habe unvermeidlich die Rückkehr ins irdische Leben zur Folge, und so entstand die Vorstellung von *Saṃsāra*, dem endlosen Kreislauf von Geburt, Tod und Wiedergeburt. Die *Chāndogya-Upaniṣad* stellt sogar die Möglichkeit verschiedener Arten von Wiedergeburten je nach Verhalten in Aussicht.[17] Nun konnten also *alle* Handlungen für das Nachleben eines Menschen wichtig sein, nicht nur spezielle Rituale und deren sachgerechte Ausführung.

Die Idee des Opfers wurde später mit dem Leben des Entsagenden gleichgesetzt, der sein Dorf und seine Familie verließ, um im Wald ein Asketenleben zu führen, ohne dauerhafte Bleibe und oft auch verbunden mit der Notwendigkeit, sich Nahrung durch Betteln zu beschaffen. Das ganze Leben des Asketen war eine Art Opferhandlung, deren Lohn den Betreffenden nach seinem Tode erwartete. Dieser Ausdruck von Spiritualität basierte auch weiterhin stärker auf einer ritualistischen als auf einer moralischen Vorstellung von Aktivität. Spirituelle Praxis wurde als eine Anzahl spezifischer asketischer Handlungen verstanden. Übende entwickelten keine Tugenden, sondern fügten sich beispielsweise absichtlich Brandwunden zu. Zwar dominierte die asketische Lebensweise auch die frühbuddhistische Praxis, doch verlor sie erheblich an Bedeutung.

Asketen taten alle möglichen absonderlichen Dinge, weil sie glaubten, sie würden dadurch zur Befreiung gelangen. So soll der Buddha nach einer frühen Schilderung einer Gruppe von Wanderern begegnet sein, von denen einer sich im Verhalten eines Hundes übte, während ein anderer einen Ochsen nachzuahmen versuchte.[18] Sie fragten den Buddha, in welcher Form sie wahrscheinlich in Zukunft wiedergeboren würden. Zunächst wollte er diese Frage offenbar nicht beantworten, doch dann sagte er scherzend, wenn sie nur gewissenhaft üben würden, könnten sie hoffen, als Hund und als Ochse wiedergeboren zu werden; andernfalls stünde ihnen eine Wiedergeburt in der Hölle bevor. Diese Antwort mag uns ein wenig barsch erscheinen, sie zeigt aber, dass die Buddhisten diese Art von Askese als lächerlich und irrelevant ansahen.

Der Buddha scheint als erster spiritueller Lehrer eine wirklich ethische Vorstellung von *Karma* entwickelt zu haben.[19]

Nach seiner Auffassung reichte es nicht aus, ein vorgeschriebenes Ritual oder eine bestimmte bizarre asketische Handlung auszuführen; entscheidend war in seinen Augen die *mentale Einstellung* – oder der Wille –, die zu der Handlung motivierte. Der Buddha gelangte zu der Auffassung, dass alle moralisch relevanten Handlungen für das eigene zukünftige Leben und die Situation nach dem Tode von Bedeutung seien. Wie dies genau zu verstehen ist, werden wir später sehen.

Dieser Wechsel vom Vorrang der äußeren Leistung zu dem der zu Grunde liegenden Absicht kommt in einem Text namens *Upāli Sutta* zum Ausdruck, in dem der Buddha mit einem Anhänger der Jain-Religion debattiert.[20] Der Jainismus, eine konkurrierende spirituelle Tradition, ist etwa zur gleichen Zeit wie der Buddhismus entstanden. Im genannten Text fragt der Buddha Dīgha Tapassī, welche Art des Handelns bei der Ausführung von Übeltaten die verwerflichste sei: Handeln des Körpers, der Sprache oder des Geistes (eine traditionelle Dreigliederung). Der Jaina antwortet, natürlich sei körperliches Handeln die verwerflichste Form. Die Jaina-Philosophie sah Karma als eine Art Staub, der an der Seele haften blieb, sie schwer machte und ihren Aufstieg zum Himmel verhinderte. Von ihren karmischen Ablagerungen musste die Seele befreit werden. Dies konnte durch eine extreme Form des *Nichttuns* erreicht werden, deren Ziel es war, keinem lebenden Wesen zu schaden, weil nach Auffassung der Jainas *Karma* vor allem durch körperliches Handeln entstand. Dies hat manche Jainas zu extremen Verhaltensweisen getrieben, beispielsweise zum Tragen einer Maske, die das Einatmen von Insekten verhindern sollte, oder zum Fegen des vor ihnen liegenden Weges, um nicht unbemerkt Lebewesen zu zertreten.

Als der Buddha selbst gefragt wird, welche Art des Handelns er für die verwerflichste hält, nennt er das geistige Handeln. Über diese Diskussion wird Nigaṇṭha Nātaputta unterrichtet, das spirituelle Oberhaupt der Jainas. Daraufhin erbietet sich einer seiner führenden Schüler, Upāli, mit dem Buddha über dieses Thema zu debattieren. Upāli erklärt großspurig, so wie ein starker Mann einen langhaarigen Ziegenbock beim Haar packen und nach Belieben hin- und herziehen könne, werde er in der Debatte mit dem Buddha verfahren, wie er wolle. Es ist wohl unnötig, zu erwähnen, dass der Buddha nicht viel Zeit brauchte, um Upāli zu seiner eigenen Sichtweise zu bekehren. Obwohl dieser Dialog in sehr stilisierter Form geschildert wird, veranschaulicht er das Zusammenprallen von zwei sehr unterschiedlichen ethischen Sichtweisen. Für die Jainas war Karma hauptsächlich eine Frage des äußeren Verhaltens, wohingegen es dem Buddha in erster Linie um die zugrunde liegende Absicht ging. Diese Verlagerung der Ethik in den Geist ist für das buddhistische *Karma*-Verständnis von grundlegender Bedeutung.

Verbindungen zu älteren Traditionen

Zwar hat der Buddhismus die zu seiner Zeit gängigen Vorstellungen über *Karma* in einiger Hinsicht signifikant verändert, doch übernahm er die zentralen Vorstellungen des Brahmanismus über die Rolle des Menschen im kosmischen Plan sowie die zentralen Begriffe zur Beschreibung eines Rahmens für ein spirituelles Leben. So definierte auch der Buddha das menschliche Dilemma im Sinne von *Saṃsāra*, und eben dies macht den unbefriedigenden Charakter der menschlichen Existenz aus. Weiterhin bezeichnete er als Ziel des religiösen Lebens die erfolgreiche Flucht aus *Saṃsāra*, womit er auf die früher entstandene Vorstellung von *mokṣa* (Befreiung) zurückgriff. Da *Karma* als der Mechanismus galt, durch den der Mensch an den Kreislauf von Geburt und Tod gebunden blieb, bestand das Ziel spiritueller Übung darin, sich von der Wirkung des *Karmas* zu befreien. Der Buddha nannte diesen Zustand *Nirvāna*, was wörtlich »ausgelöscht« oder »ausgeblasen« bedeutet, so wie eine Flamme erlischt.

Doch nicht nur der Brahmanismus und der Jainismus hatten ein eigenes Verständnis von *Karma* und Wiedergeburt, sondern auch *innerhalb* des Buddhismus gab es recht unterschiedliche Auffassungen über viele Aspekte dieser Lehren. Alle diese Ideen gediehen auf ein und demselben Boden. Zwar ist es für spirituell engagierte Menschen verführerisch zu glauben, die Lehren, die sie zu schätzen gelernt haben, seien einzigartige Offenbarungen, doch übersieht eine solche Sichtweise leicht, dass die vermeintlichen Offenbarungen starke Ähnlichkeiten mit früher entstandenen Vorstellungen aufweisen. Allerdings mindert die Erkenntnis, dass eine Lehre in einem bestimmten kulturellen Kontext entstanden ist, nicht unbedingt deren Bedeutung und rechtfertigt auch nicht zwangsläufig, sie als irrelevant abzutun. Indem wir uns damit auseinander setzen, wie die neue Lehre aus früheren entstanden ist oder wie sie sich von diesen unterscheidet, können wir herausfinden, worin gegenüber früheren Varianten ihre spezifische Eigenart besteht. Ausschlaggebend für eine spirituelle Sichtweise ist nicht ihre Einzigartigkeit, sondern ihr transformierendes Potenzial.

Das Erbe vorbuddhistischer Ideen

Obgleich die buddhistische Tradition das religiöse Paradigma und die wichtigsten religiösen Themen der brahmanischen Kultur nicht nur übernahm, sondern auch nutzbringend anpasste, war dieser Prozess teilweise durchaus problematisch. Wer schon einmal den Umbau eines alten Hauses miterlebt hat, weiß, wie stark Funktion, Bauplan und Beschaffenheit des ursprünglichen Gebäudes das Resultat des Umbaus beeinflussen. Zwischen 1995 und 1997 habe ich an der Sanierung und am Umbau eines ehemaligen Baumwoll-Lagerhauses in Manchester mitgearbeitet. Wir wollten dieses Gebäude als städtisches buddhistisches Zentrum nutzen. Hätte uns jemand nach Abschluss der Arbeiten gefragt, warum wir den einzelne Räumen so merkwürdige Formen gegeben haben und weshalb die Flure so schmal waren, so hätten wir diese Einwände kaum von der Hand weisen können. Der Grund war gewesen, dass der ursprüngliche Grundriss des Gebäudes – eine Art Z-Form – uns in unseren Veränderungsmöglichkeiten sehr stark eingeschränkt hatte. Religiöse Vorstellungen werden oft auf ähnliche Weise »umgebaut«.

Vielleicht ist das wichtigste Erbe der vorbuddhistischen Vorstellungen über *Karma* und Wiedergeburt Verwirrung: Was bedeutet *Karma* im Zusammenhang mit den Lehren des Buddha wirklich? Wie funktioniert dieser Prozess? Die frühbuddhistischen Schriften wirken in ihrem *Karma*-Verständnis merkwürdig widersprüchlich, und wahrscheinlich spiegelt dies nicht nur eine Meinungsvielfalt, sondern auch einen allmählichen Entwicklungsprozess wider.

Beispielsweise sahen einige zurzeit des Buddha verbreitete Vorstellungen *Karma* als die Ursache von allem, was geschieht, an.[21] Daraus, so glaubte man, folge, dass die soziale Stellung (oder die Kaste) eines Menschen auf dem ethischen Verhalten des Betreffenden in einem früheren Leben basiere. Zur Reinigung des angesammelten persönlichen Karmas wurde empfohlen, die Pflichten der eigenen Kaste zu erfüllen – auch wenn dies bedeutete, als religiöser Lehrer (Brahmane) zu wirken oder die »verunreinigenden«

Arbeiten der niederen Kasten wie das Reinigen von Toiletten zu erledigen (was den so genannten »Unberührbaren« vorbehalten war). Die Veränderung des gesellschaftlichen Status und der eigenen Position innerhalb eines Lebens hielt man für unmöglich; stattdessen wurde empfohlen, sich auf die Wiedergeburt in einer höheren Kaste vorzubereiten, indem man die Rolle, die einem in diesem Leben zugedacht war, möglichst gut erfüllte. Diese Überzeugung spiegelt sich im starren Sozialsystem der indischen Kasten (innerhalb dessen kein Überwechseln möglich war), einem System, das noch heute existiert, obwohl es mittlerweile gesetzlich verboten ist.

Dieser Sicht zufolge ist *Karma* eine Art moralische Feedback-Schleife, ein System universeller und unausweichlicher Vergeltung. Aller Schmerz, den wir empfinden, resultiert aus unseren früheren Missetaten; unverdientes Leiden kann es nicht geben. Und alles Positive, das wir empfangen, ist auf unsere früheren guten Taten zurückzuführen. Eine der entscheidenden Schwächen dieses Verständnisses von *Karma* und Wiedergeburt ist, dass es weder überprüfbar noch widerlegbar ist. Wenn jemand behauptet, dass alles, was uns widerfährt, eine Folge unseres persönlichen Karmas ist, so ist es nicht möglich, dies plausibel zu widerlegen, so unwahrscheinlich es auch erscheinen mag und so plausibel andere Erklärungen auch klingen mögen. Doch selbst wenn wir diese Sichtweise nicht schlüssig widerlegen können, müssen wir sie nicht unbedingt akzeptieren. Wir müssen fragen, ob es nützlich ist, so zu denken. Ein Beispiel soll einige Mängel der Sichtweise aufzeigen, dass alles, was geschieht, ein Resultat unserer eigenen guten oder schlechten Taten ist.

Stellen wir uns vor, das Dach meines Hauses bricht ein. Wenn ich glaube, dass mir dies passiert sein muss, weil ich in einem früheren Leben etwas Schlechtes getan habe, reagiere ich auf einen solchen Vorfall vielleicht, indem ich meine

Bemühungen um eine ethische Lebensweise verdopple. So weit, so gut. Doch wenn ich das Dach genau so rekonstruiere, wie es vorher war, und es dann erneut einbricht, dann denke ich wahrscheinlich, dass ich nun weitere Früchte meiner früheren Missetaten ernte. Nehme ich jedoch, statt das Einbrechen des Dachs einer moralischen Ursache zuzuschreiben, an, dass ein Konstruktionsfehler der Grund ist, kann ich den Fehler beheben. Dieses Beispiel soll zeigen, dass zumindest in einigen Fällen die Zurückführung äußerer Ereignisse auf moralische Ursachen inadäquate Reaktionen zur Folge hat.

Doch birgt das skizzierte *Karma*-Verständnis noch eine weitere Schwierigkeit: Es stellt das Prinzip der Willensfreiheit infrage und steuert auf einen moralischen Determinismus zu. Darauf geht der Buddha selbst in der folgenden Textpassage ein:

> Es gibt gewisse Einsiedler und lehrende Brāmins, die der Ansicht sind, dass jedes gute, üble oder neutrale Gefühl, das empfunden werden mag, auf einer früheren Handlung basiert... In solchen Fällen entgegne ich: »Dann werden Menschen also auf Grund einer früheren Handlung zu Mördern, Dieben, Unzüchtigen, Lügnern, Verleumdern, oder sie machen es sich auf Grund früherer Handlungen zur Gewohnheit, zu schimpfen oder geschwätzig, geizig, gehässig und verdorben in ihrer Sicht der Dinge zu sein. Verfallen die Betreffenden erneut in ihr früheres Handeln, so ist der entscheidende Grund dafür weder der Wunsch, dies zu tun, noch entsprechende Bemühung, noch die Notwendigkeit, diese Tat auszuführen oder sie zu unterlassen.[22]

Der Buddha erläutert, dass eine solche Sichtweise ein spirituelles Leben ausschließt, weil dieses nur möglich ist, wenn wir uns zum Besseren verändern können; werden wir hingegen nur von unseren früheren Handlungen bestimmt, kann eine Besserung eintreten.

Ebenso müssen wir uns fragen: Wenn das Verhalten anderer uns gegenüber ausschließlich ein Resultat unseres persönlichen Karmas ist, haben sie dann die Freiheit, sich anders zu verhalten? Mache ich mich beispielsweise auf einer Party mit der Freundin eines anderen Besuchers davon, und der Betreffende wird deshalb so eifersüchtig und wütend, dass er sich vornimmt, mir eine gehörige Tracht Prügel zu verpassen, so mögen Sie denken, dass ich das verdient habe. Doch was ist, wenn einer seiner Freunde ihn beruhigt und ihn von seinem Vorhaben, mir gegenüber gewalttätig zu werden, abbringt? Ist diese Konsequenz – die mir als sehr positiv erscheint – nur ein Resultat meines früheren Karmas? Die reine »Feedback«-Deutung des Karmas ignoriert, dass die Reaktion anderer auf uns nicht nur durch unser Handeln bestimmt wird, sondern dass die Betreffenden je nach eigenem Charakter sehr unterschiedlich reagieren können. Es wäre deshalb merkwürdig zu glauben, ihre Reaktion sei nur von unserem Karma abhängig. Zwar beeinflussen in der Regel unsere Handlungen die Reaktionen anderer auf uns, aber sie tun dies nicht immer. Ein Heiliger beispielsweise kann gleichermaßen bereit sein, einem üblen Zeitgenossen wie einem guten Menschen zu helfen (oder er ist Ersterem gegenüber sogar eher zur Hilfe bereit).

Wenn alles, was uns widerfährt, ein Resultat unseres früher entstandenen Karmas ist, könnten wir sagen, dass unser Leiden einen Grund hat, dass es beabsichtigt ist – dass das Universum uns eine Lektion erteilt. Dies mag uns als eine kreative Reaktion erscheinen, doch besteht die Gefahr, dass wir auf den Gedanken verfallen, wir sollten unser Leiden einfach ertragen, statt zu versuchen, uns davon zu befreien, weil wir glauben, durch das Ertragen des uns »verordneten« Leidens werde unser früheres Karma »gereinigt«. Eine solche Sichtweise lässt den Wert karitativer Arbeit als fraglich erscheinen: Wenn Menschen sich auf Grund ihres früheren Verhaltens in großer Not befinden, sollten wir in ihre Situation nicht eingreifen, weil das die Manifestation ihrer karmischen Wirkungen negativ beeinflussen könnte. Unser Eingreifen in diesen Prozess würde ihr Leiden nur auf einen späteren Zeitpunkt verschieben. Dies könnte teilweise erklären, weshalb man in Indien karitative Bemühungen und die Verbesserung der Situation der Armen nie für besonders wichtig gehalten hat. Generell haben die Menschen dort ihr Los eher akzeptiert, als dass sie versucht haben, es zu verändern.

Zwar streiten Buddhisten heute im Allgemeinen ab, dass der Buddhismus alles, was in unserem Leben geschieht, auf das *Karma* zurückführt, doch legen einige frühe Schriften eine solche orthodoxe Sichtweise nahe[23], und diese hat sich im Tibetischen Buddhismus in der Tat durchgesetzt. In Anbetracht der heftigen ideologischen Auseinandersetzungen, die zu Lebzeiten des Buddha stattfanden, sollte uns die Uneinheitlichkeit des buddhistischen *Karma*-Verständnisses nicht verwundern. Doch obwohl aus einigen Passagen in den Schriften zweifellos hervorgeht, dass alles, was uns widerfährt, vom *Karma* bestimmt wird, weisen viele andere Textstellen klar darauf hin, dass dies *nicht* zutrifft.

Im *Devadaha Sutta*[24] beispielsweise begegnet der Buddha einer Gruppe von Jaina-Asketen, die glauben, sie könnten durch Askese die Konsequenzen ihrer früheren Handlungen tilgen und würden so gereinigt. Der Buddha tritt dieser Auffassung entgegen und ermahnt die Männer, nicht weiter unnötiges Leiden auf sich zu nehmen. Er weist die Sicht zurück, dass alle Freuden und Leiden, die wir erleben, auf unsere früheren Taten zurückzuführen sind.[25] Der Buddha bestreitet auch, dass absichtlich, selbstauferlegtes Leiden ein wirksames Mittel zum »Verbrennen« früheren Karmas sein könne; andererseits bestätigt er, dass der Kampf gegen die eigenen spirituellen Mängel ein gewisses Maß an Leiden verursachen kann. Er vergleicht diese Situation mit der eines Pfeilschmiedes, der einen Pfeil erhitzt, um ihn formen zu können. Diese Metapher weist uns darauf hin, dass wir bei der spirituellen Übung in einem gewissen Maße mit Leiden konfrontiert werden können, nämlich im Rahmen unseres Bemühens, das Leiden zu überwinden; doch ist dieses Leiden nicht »spirituell«, sondern einfach unvermeidbar. Wir sollten es keinesfalls bewusst verlängern oder gar intensivieren um eines vermeintlichen spirituellen Gewinns willen, den es nicht erzeugt.

Wir haben bereits ein weiteres Element vorbuddhistischer Vorstellungen über *Karma* kennen gelernt, das in die entsprechenden buddhistischen Anschauungen eingeflossen ist: Karmas wurden in weiten Kreisen als Transaktionen verstanden, durch die zuverlässig positives oder negatives Verdienst entstand. Daraus entwickelte sich die Vorstellung, Verdienst werde auf irgendeine Weise »treuhänderisch verwaltet«, sodass es nach dem Tode oder in einem zukünftigen Leben reifen könne, und man könne es sogar auf einen anderen Menschen übertragen. Einige buddhistische *Karma*-Darstellungen scheinen dieses »zweckdienliche« Verständnis von *Karma* und Verdienst, das zu einer eher mechanischen als ethischen Einstellung zum Verhalten animiert, nie überwunden zu haben.

Wenn beispielsweise in Sri Lanka jemand stirbt, bringen die Verwandten den Mönchen der Gegend ein (Speise-) Opfer dar und »übertragen« das »Verdienst«, das sie durch den Akt des Gebens erwerben, auf die verstorbene Person. Diese Praxis und die ihr zugrunde liegende Überzeugung widersprechen offensichtlich dem grundlegenden buddhistischen Prinzip der Selbstverantwortung und erwecken den

Eindruck, dass Verdienst eine Art Eigentum ist, das man verschenken kann, um die negativen Auswirkungen des *Karmas* zu mildern – eine Möglichkeit, die der Buddhismus gewöhnlich abstreitet. Im *Dhammapada* heißt es:

> Ein Mensch verunreinigt sich durch das Böse, das er persönlich tut. (Gleichermaßen) reinigt er sich, indem er Böses bewusst unterlässt. Reinheit und Unreinheit sind eine Sache persönlichen Erlebens: Einen anderen Menschen zu reinigen ist nicht möglich.[26]

Bezüglich der Wiedergeburt sah sich der Buddhismus mit anderen Problemen konfrontiert. Die Lehre von der Wiedergeburt war in Verbindung mit der Anschauung entstanden, dass alle lebenden Wesen ein ewiges Selbst *(ātman)* haben. Nun besagt eine der wichtigsten buddhistischen Lehren, dass alle Dinge vergänglich sind, was natürlich auch für Menschen gelten muss. Deshalb stand der Buddhismus hinsichtlich der Wiedergeburt vor folgendem Dilemma: Wenn es kein dauerhaftes Selbst gibt, was wird dann wiedergeboren? Unsere Erinnerungen? Unsere Gewohnheiten? Wie können diese von einem Wesen auf ein anderes übergehen? Die buddhistische Tradition entwickelte eine große Zahl neuer Ansätze zur Überwindung dieses offensichtlichen Problems, wobei einige dieser Lösungsversuche sehr merkwürdig wirken. Die Frage ist nie völlig befriedigend beantwortet worden.

Man hat die Wiedergeburt im Allgemeinen für eine der zentralen Ideen des Buddhismus gehalten. Ihre wichtigste Funktion war, die Übenden zu ethisch akzeptablem Handeln zu motivieren. Für den Buddhismus ist die Wiedergeburt eine zwar unerwünschte, aber unvermeidbare religiöse Tatsache. Dass sie ihre zu ethischem Verhalten motivierende Funktion in der westlichen Welt weiter erfüllen kann, halte ich für fraglich. Vielen Menschen des Westens erscheint eine Wiedergeburt eher als wünschenswert, kaum als eine unerwünschte Aussicht. Fördert diese Idee in Anbetracht dessen wirklich noch die Effektivität der spirituellen Übung? Oder könnte sie zu Selbstgefälligkeit verführen? Lässt sie sich im Kontext unseres westlichen Empfindens sinnvoll verstehen? Auf diese Fragen werden wir später zurückkommen.

3

KARMA UND ENTSTEHUNG IN ABHÄNGIGKEIT

Das buddhistische Verständnis von *Karma* und Wiedergeburt sollte in Zusammenhang mit der wichtigsten Einsicht des Buddha gesehen werden, so wie sie in der Lehre vom »Entstehen in Abhängigkeit« zum Ausdruck kommt. Dieses alles betreffende Prinzip *schließt Karma ein*, ist aber nicht darauf beschränkt; deshalb sollte man sich hüten, beide miteinander zu vermischen. Nach dieser Lehre entstehen alle Dinge in Abhängigkeit von bestimmten Voraussetzungen oder Bedingungen; fallen diese fort, hört das betreffende Ding auf zu existieren. Beispielsweise lebt und wächst ein Baum in Abhängigkeit von Erde, Luft, Sonnenschein und Regen. Ohne zahlreiche unterstützende Bedingungen würde er verkümmern und schließlich sterben. Wir neigen jedoch dazu, die Dinge isoliert zu sehen und uns vorzustellen, sie seien von ihrer Umgebung unabhängig und hätten einen beständigen, über die Zeiten hinweg von Einflüssen unabhängigen Kern. Dies gilt insbesondere für Objekte. Um zu verhindern, dass wir ein chaotisches Durcheinander erleben, müssen wir den Dingen Namen geben: Haus, Auto, Vogel usw. Doch schließlich glauben wir, es gebe tatsächlich ein

»Ding«, dem dieser Name entspreche. Beispielsweise erfinden wir die Bezeichnung »Himmel« und glauben dann, es gebe tatsächlich ein »Ding« dieses Namens.

Für alltägliche Zwecke leisten solche Benennungen gute Dienste; wir müssen unterscheiden, klassifizieren und Vorstellungen entwickeln können, um uns im Leben zurechtzufinden, so wie ein Seemann für die Fahrt über das Meer eine Karte braucht. Doch die Karte spiegelt nicht das Meer. Wenn wir uns irgendein Naturphänomen anschauen, sehen wir, dass dieses sich nicht nur ständig verändert, sondern dass sogar seine Existenz von einer riesigen Zahl von Faktoren abhängt, weitaus mehr, als wir in unserem Denken normalerweise berücksichtigen können. Weil der nicht erwachte Geist vergisst, dass die Karte nur ein Navigationsmittel ist, hält er sie für eine perfekte Spiegelung des Meeres und glaubt, sie liefere eine vollständige und genaue Beschreibung dessen, wie das Meer *wirklich* ist. Zwar würde wohl kein Seemann versuchen, sein Schiff auf der Karte »zu Wasser zu lassen«, doch basieren die wichtigsten Überzeugungen des nicht erwachten Geistes auf seinem *Modell* des Erlebens, nicht auf dem Erleben selbst. Dieser Fehler erzeugt nicht nur Verwirrung, sondern verursacht auch Leiden.

Nach Auffassung des Buddha veranlasst uns unsere Art, über die Welt (unsere Karte) zu denken, dazu, uns Dinge – und auch uns selbst – als dauerhaft vorzustellen. Zeigt unser Erleben uns dann, dass sie *nicht* von Dauer sind, entsteht Leiden. Beispielsweise mögen wir eine Ehe in dem Glauben beginnen, sie werde von ewiger Dauer sein; doch ein paar Jahre später sind wir geschieden, einsam und verzweifelt. Die Lehre von der Entstehung in Abhängigkeit lässt uns das, was wir erleben, mehr im Sinne eines Prozesses unablässiger Veränderung statt als statischen Zustand sehen. Demnach können Dinge, sogar während sie wachsen, sich entwickeln und besser werden, gleichzeitig vergehen, absterben und zerfallen. Im positiven Sinne beinhaltet Entstehen in Abhängigkeit, dass eine Liebesbeziehung sich entwickeln kann, negativ jedoch, dass die gleiche Beziehung auch in Feindseligkeit und Hass umschlagen und, wenn sie endet, großen Kummer verursachen kann. Der Buddha forderte die Menschen auf, sich alles Erleben als vergänglich vorzustellen: Beginnen die Bedingungen, die es stützen, zu zerfallen, löst unsere Beziehung sich auf. Wenn wir diese Gesetzmäßigkeit zutiefst verstehen, vermögen wir gelassen von unserem Haften an weltlichen Dingen Abstand zu nehmen: Weil wir uns letztendlich nicht auf sie verlassen können, sollten wir uns nicht zu viel von ihnen versprechen. Die Wahrheit, dass alle Dinge vergänglich sind, gilt auch für uns: *Wir* sind vergänglich. Abgesehen davon, dass wir sterben werden, gibt es in uns nichts Festes und Unveränderliches, keinen Wesenskern und keine ewige Seele. Wir sind weder dazu verdammt, immer so zu bleiben, wie wir sind – denn wir können uns verändern –, noch werden wir ewig leben.

Die spätere buddhistische Philosophie sieht das Universum als ein Ganzes, in dem alles mit allem verbunden ist. Jeder Zustand wird als in seiner Existenz von *allen* übrigen Bedingungen abhängig angesehen (obwohl einige Voraussetzungen unmittelbarer wichtig sind als andere), weil alles sich mit allem anderen in dynamischer Interaktion befindet. Das Universum, das Erleben, ist ein unteilbares Ganzes; verändern wir ein Phänomen, verändern wir alles, so subtil die Veränderung auch sein mag. Traditionell wird dies durch das geheimnisvolle Bild von Indras juwelenbesetztem Netz veranschaulicht.[27] In allen Perlen dieses Netzes spiegeln sich alle übrigen, sodass jede Perle in allen und alle in jeder gespiegelt werden. Durch Meditation über diese magische Vorstellung wird uns die geheimnisvolle Schönheit der buddhistischen Sicht der Wirklichkeit vertrauter.

Das Prinzip des Entstehens in Abhängigkeit lässt sich auf jedes Phänomen anwenden: auf die Welt der Natur, die Politik, den Kosmos, menschliche Beziehungen und den Menschen als Einzelwesen. Es ist die allgemeinste Möglichkeit, alles, was geschieht, zu beschreiben. Doch vermengen einige buddhistische Lehrer und sogar bestimmte buddhistische Schulen die Idee des *Karmas* mit dem allgemeineren Prinzip der Entstehung in Abhängigkeit und vertreten deshalb die Auffassung, dass *Karma* alles beherrsche. Dies ist ein gefährlicher Irrtum. Es ist ein sehr primitives Verständnis des *Karmas*, dieses für alle Glücksfälle und Tragödien im Leben verantwortlich zu machen: Wenn wir Schiffbruch erleiden, ist das eine Konsequenz unseres Karmas; wenn uns auf der Straße ein Dachziegel auf den Kopf fällt, ist das unserem Karma zuzuschreiben; kommt unsere Familie bei einem Flugzeugabsturz ums Leben, ist das unser Karma; und wenn wir in der Lotterie gewinnen, ist auch das unser Karma. Dieses *Karma*-Verständnis ist beispielsweise im Tibetischen Buddhismus zu finden. Die Tibeter glauben offenbar, alles, was uns widerfahre, sei eine Folge unseres früheren Karmas. Deutlich wird dies beispielsweise in einem Interview, das Richard Hayes einmal mit Lati Rinpoche führte. Der Interviewer fragte den Lama, ob er glaube, dass alle Juden, die im Zweiten Weltkrieg in Deutschland vergast worden seien, ihren Tod verdient hätten. Rinpoche antwortete:

> Die Opfer erlebten die Konsequenzen ihrer Handlungen in früheren Leben. Sie alle müssen in früheren Leben etwas sehr Übles getan haben; deshalb wurden sie auf diese Weise behandelt.[28]

Es mag töricht sein, kategorisch zu behaupten, der Rinpoche müsse falsch liegen, doch ob seine Worte tatsächlich so gemeint waren oder nicht, man kann sie als Erklärung für die

Ereignisse des Holocaust verstehen. Das Beharren des Lamas, die Juden müssten in einem früheren Leben etwas sehr Übles getan haben, legt den Schluss nahe, dass er glaubt, alles Leiden, selbst wenn es so entsetzlich ist wie dasjenige, das Juden und andere in den Todeslagern der Nazis erlebten, sei zumindest teilweise, wenn nicht gänzlich, eine Folge früheren Fehlverhaltens der Betroffenen. Daraus ließe sich leicht ableiten, die Juden hätten ihr Schicksal »verdient«. Wie wir bald sehen werden, steht diese Sichtweise nicht im Einklang mit den frühen buddhistischen Schriften. Wichtiger noch ist die Frage, ob eine solche Sicht der Dinge überhaupt von irgendeinem Nutzen ist. Eine derartige Erklärung könnte viele Menschen zur Herzlosigkeit veranlassen und zu einer Herabspielung der Verantwortung der Nazis führen. Außerdem könnten wir, wenn wir meinen, dass Menschen ihr Leiden in einem gewissen Sinne verdienen, versucht sein, uns ihrem Elend gegenüber passiv zu verhalten, statt einzugreifen, um ihnen zu helfen; schließlich bekommen sie ja nur, was ihnen zusteht …

Wenn es zuträfe, dass die Juden bestraft worden wären, ließe sich eine so erstaunliche Überlebensgeschichte wie die von Schindlers Juden kaum erklären.[29] Sie müssten demnach überlebt haben, weil sie in früheren Leben gutes Karma angesammelt hätten. Wenn Sie wie ich ein neugieriger Mensch sind, werden Ihnen angesichts dieser Hypothese alle möglichen Fragen in den Sinn kommen. Wie beispielsweise konnte Schindler wissen, welche Juden er auswählen sollte, um ihr Überleben zu ermöglichen? Da ihm dies vermutlich nicht bewusst war, müsste eine unsichtbare Macht *(Karma)* auf irgendeine Weise durch ihn gewirkt und seine Entscheidungen so gelenkt haben, dass er die »richtigen« Juden rettete. Bedeutet dies nun, dass er sich nicht anders hätte entscheiden *können*? Hätte er Juden wählen können, die es nicht »verdient« gehabt hätten, gerettet zu werden? Hätte er sich auch dafür entscheiden können, niemanden zu retten? Zweifellos lassen sich irgendwelche verzwickten Erklärungen für all dies finden, aber nach meiner Auffassung geht es eigentlich mehr darum, ob solche Sichtweisen uns helfen, weise und mitfühlend zu handeln.

Es wurde bereits erwähnt, dass der Buddha dem Leiden keinen besonderen spirituellen Wert beimaß. Da sich kaum feststellen lässt, ob die Juden tatsächlich auf Grund von in früheren Leben begangenen Übeltaten leiden mussten, können wir uns fragen, was für einen Nutzen es haben soll, so zu denken. Wir alle würden sicherlich die Ansicht bestätigen, dass das Wichtigste überhaupt ist, Leiden zu lindern, ganz gleich, wie es entstanden sein mag. In diesem Zusammenhang ist interessant, dass die Praxis des Tibetischen Buddhismus – weit davon entfernt, herzlos und kalt zu sein – die Bedeutung des Mitgefühls hervorhebt, eine zutiefst menschliche Reaktion auf das Leiden anderer, die nicht von der Vorstellung des gerechten Lohns bestimmt ist. Zumindest auf den ersten Blick scheint die für den Tibetischen Buddhismus charakteristische Sicht des *Karmas* im Widerspruch zur besonderen Hervorhebung der Bedeutung des Mitgefühls zu stehen, die für diese Ausprägung der buddhistischen Lehren so charakteristisch ist.

Noch einmal auf das Beispiel Schindlers zurückkommend, möchte ich ausdrücklich darauf hinweisen, dass die Nazis ebenso wie Schindler eigene Entscheidungen trafen, die nicht einzig und allein vom karmischen Erbe der Juden bestimmt waren, und dass sie deshalb für ihre Handlungen persönlich verantwortlich sind. Wenn wir darauf nicht beharren könnten, wären wir zu einer fatalistischen Sicht des Lebens verurteilt, und damit wären wir Gefangene in einer Welt, in der niemand sich frei entscheiden kann und in der alles, was wir tun, lediglich ein Resultat unseres Karmas ist, und alles, was wir anderen antun, ein Resultat von deren Karma. Diese Denkweise führt letztendlich zu einer Art Solipsismus: Andere Menschen *scheinen* sich nur frei zu entscheiden, in Wirklichkeit jedoch sind sie Agenten unseres Karmas. So wird das Universum zu einem wunderbar zusammenpassenden moralischen Puzzle, in dem es keine Spontaneität und keine Großzügigkeit gibt, nur gerechten Lohn. Diese Anschauung ist von den zentralen Lehren des Buddhismus meilenweit entfernt.

Die Unterstellung der Existenz einer ausgleichenden Gerechtigkeit als Erklärung dafür, dass einige Menschen leiden, während es anderen gut geht, hat vielleicht eine psychologische Wurzel: Das Universum *muss* gerecht sein. »Unschuldige« Menschen können ja wohl nicht ohne jeden Grund leiden! Nun mag dies schwer zu akzeptieren sein, aber vielleicht verhält es sich doch so. Wenn *Karma* mit dem allgemeineren Prinzip des Entstehens in Abhängigkeit vermengt wird, ist das ein Missverständnis der buddhistischen Lehre. *Karma* ist nur eine Anwendung jenes allgemeinen Prinzips auf ein sehr beschränktes Spektrum von Erscheinungen, nämlich gewollter menschlicher Handlungen. Demgemäß führt die Erklärung allen persönlichen Leidens *ausschließlich* aus dem Verhalten in einem früheren Leben wahrscheinlich zu einer verzerrten Sichtweise.

Ein anderer Lama fordert uns auf, »den Schmerz, den wir durchleben, als die Vollendung der Wirkungen, als das Reifen eines früheren Karmas« anzusehen.[30] Diese Äußerung lässt sich etwas anders verstehen als die von Lati Rinpoche. Wir könnten in diesem Fall eine Art Gedankenexperiment durchführen. Wir könnten handeln, »als ob« der Schmerz, den wir erleben, ein Resultat unserer früheren üblen Handlungen wäre. Dies könnte uns von Nutzen sein, weil es uns möglicherweise in die Lage versetzt, unser Leiden mit größerem Gleichmut zu ertragen. *Sorrow Mountain* (deutscher Titel:

Licht im Dunkel der Nacht), der Bericht von Ani Pachen, veranschaulicht diese Art zu denken auf bewegende Weise.[31] Ani Pachen war eine tibetische Stammesälteste, die verhaftet, gefangen genommen und von den Chinesen schrecklich misshandelt wurde. Während ihrer langjährigen Gefangenschaft, in der sie auch gefoltert wurde, hat sie darüber reflektiert, dass sie in ihren früheren Leben schreckliche Dinge getan haben müsse und deshalb auf eine so entsetzliche Weise behandelt würde. Sie beschreibt, wie die chinesischen Wachen ihr Gesicht, ihre Hände, ihren Rücken und ihre Füße mit Stöcken schlugen:

> Meine Ohren fingen an zu klingen, und mein Gesicht brannte. Ich dachte, das ist mein früheres Karma. Der Schmerz wird meine Sünden tilgen.[32]

Zwar mag es von einem gewissen Nutzen sein, bestimmte Ereignisse in unserem eigenen Leben als Folge früheren Karmas zu verstehen, doch scheint es mir äußerst gefährlich, in ähnlicher Weise über andere Menschen zu reflektieren und zu schließen, dass das Leiden, das *sie* erleben, die Folge ihres früheren üblen Verhaltens sei, denn wir könnten auf diese Weise versuchen, uns der Verantwortung für unser eigenes Verhalten zu entziehen. Kürzlich haben zwei Chirurgen einen Mann operiert, um eine nicht mehr funktionsfähige Niere aus seinem Körper zu entfernen, jedoch irrtümlich die gesunde herausgenommen. Kurz darauf starb der Patient.[33] War das irrtümliche Entfernen der noch funktionsfähigen Niere eine Folge früherer Missetaten dieses Mannes? Oder war dieses Desaster hauptsächlich eine Folge der Unaufmerksamkeit der Chirurgen? Wenn wir der Auffassung sind, das früher angesammelte Karma des Patienten sei für den Fehler verantwortlich gewesen, welche Verantwortung haben dann die Chirurgen für ihren tödlichen Fehler? Vorrangig scheint mir persönlich in diesem Fall die Verantwortung der Chirurgen. Zwar ist es vorstellbar, dass das Karma sowohl des »Opfers« als auch der Chirurgen zu dem tragischen Resultat ihren Teil beigetragen haben, doch scheinen die Anhänger des Tibetischen Buddhismus ein solches Ereignis hauptsächlich – oder sogar gänzlich – als Folge früherer Handlungen des Opfers anzusehen.

Abgesehen von den bereits genannten Gründen ist es im heutigen nachchristlichen Westen besonders unnütz, Menschen die volle Verantwortung für alles Schlechte (sowie alles Gute) zu geben. Viele Menschen der westlichen Welt fühlen sich auf Grund des Einflusses der christlichen Lehre von der Erbsünde zutiefst schuldig und haben deshalb eine sehr negative Einstellung zu sich selbst, auch wenn sie diese Lehre mittlerweile auf der Ebene des Bewusstseins ablehnen. Eine Botschaft, derzufolge wir leiden, weil wir in früheren Leben Übles getan haben, kann diese negative Selbsteinschätzung noch verstärken und Menschen in Verzweiflung und Selbstabscheu hineintreiben. Dies ist für die spirituelle Entwicklung alles andere als nutzbringend. Eine kreativere Reaktion hingegen könnte darin bestehen, im Leben Bereiche zu identifizieren, in denen es uns möglich ist, das Leiden zu überwinden, und dann Strategien zu entwickeln, um dies zu erreichen.

Wenn wir alles, was uns widerfährt, auf das Wirken des *Karmas* zurückführen, und wir *Karma* als Prinzip der Belohnung und Bestrafung verstehen, folgt daraus, dass wir alles, was wir erleben, verdient haben und wir es deshalb mit Fassung tragen sollten, weil wir dadurch unser früheres Karma reinigen. Diese Denkweise hat jahrhundertelang die schrecklichen Realitäten des hinduistischen Kastensystems legitimiert. Aber können wir uns tatsächlich der Auffassung anschließen, dass Katastrophen, die jeden Menschen treffen können, beispielsweise Hungersnöte, Taifune und Erdbeben, allesamt Ausdrucksformen des *Karmas* der Betroffenen sind?

Im Oktober 2002 suchte ein Erdbeben ein kleines Dorf in Italien heim und zerstörte die dortige Schule vollständig.[34] Ansonsten wurden kaum Häuser beschädigt. Mehr als zwei Dutzend Menschen starben, größtenteils Kinder, doch mindestens die gleiche Anzahl konnte gerettet werden. War das Karma dieser Kinder der Grund dafür, dass einige von ihnen getötet wurden und andere überlebten? Es erscheint mir als äußerst problematisch, die Auswirkungen eines so unberechenbaren Ereignisses mit der persönlichen moralischen Stärke oder Schwäche der Betroffenen zu erklären, obwohl die Folgen des Geschehens von ziemlich vielen Faktoren abhängig sind. Beispielsweise beeinflussen die Zahl der verfügbaren Rettungshelfer und die Qualität ihrer Ausbildung ganz sicher, wie viele Menschen bei einem solchen Unglück gerettet werden.

Eine unerwünschte Begleiterscheinung dessen, dass wir alle Katastrophen als Manifestationen karmischer Folgen verstehen, ist, dass dies zu einer generell passiven Haltung verleiten kann. Wenn alles, was geschieht, nichts weiter als das Reifen der Früchte unseres früheren Karmas ist, weshalb sollten wir dann überhaupt noch in irgendeiner Weise in das Geschehen eingreifen? Denn wenn wir etwas tun würden, um das gegenwärtige Leiden eines Menschen zu verringern, müsste der Betreffende dann nicht in Zukunft erneut leiden, bis sein Karma »verbrannt« wäre? Diese Denkweise könnte uns von jenem mitfühlenden Verhalten anderen gegenüber abbringen, das doch gerade ein wichtiges Ziel des Buddhismus ist. Jeder Mensch ist es wert, in den Genuss von *mettā* (liebender Güte) zu kommen, ganz gleich, was der Betreffende getan haben mag; *mettā* ist keine Belohnung für gute Taten, sondern eine Bestärkung der Menschlichkeit und des Potenzials zu spirituellem Wachstum.

Die fünf Arten des Entstehens in Abhängigkeit

Es gibt eine sehr wichtige, aber kaum bekannte Pali-Schrift mit Namen *Moḷiyasīvaka Sutta*, in welcher der Buddha gefragt wird, ob er die Sichtweise akzeptiere, dass alles Leiden und alles Glück durch früheres Verhalten verursacht würden. Seine Antwort ist sehr klar:

> Wenn jene Asketen und Brahmanen eine Lehre und Sicht vertreten wie: »Alles, was ein Mensch erlebt, ob es angenehm oder schmerzhaft oder weder schmerzhaft noch angenehm ist, so wird all dies durch in der Vergangenheit Getanes verursacht«, so schießen sie über das hinaus, was jeder aus sich heraus weiß, und auch über das, was allgemein als in der Welt wahr angesehen wird. Deshalb sage ich, dass dies von Seiten jener Asketen und Brahmanen falsch ist.[35]

Im betreffenden Text wird eine Anzahl von Ursachen für angenehme, schmerzliche und neutrale Gefühle beschrieben, unter denen *Karma* nur eine ist.[36] Außerdem zählen körperliche Krankheiten und der Einfluss der Umgebung dazu. Das gleiche Thema wird in einem frühen buddhistischen Werk mit Namen *Milindapañha* oder »Fragen des Königs Milinda«[37] angesprochen. Unter vielen anderen kniffligen Fragen, die der König Nāgasena, einem buddhistischen Mönch, stellt, befindet sich auch die, wie Gefühle der Lust und des Schmerzes entstehen. Die im *Moḷiyasīvaka Sutta* dargelegte Lehre zusammenfassend, stellt Nāgasena klar, dass nicht alle Gefühle in Karma wurzeln. Er kommt zu dem Schluss:

> Wer sagt, nur *kamma* bedrücke die Wesen, … dessen Aussage ist falsch. … Der Schmerz, der durch *kamma* verursacht wird, ist wesentlich geringer als der durch andere Ursachen

erzeugte. Die Unwissenden gehen zu weit, wenn sie sagen, dass alles Erlebte als die Frucht von *kamma* entsteht. Ohne die Einsicht eines Buddha kann man das Ausmaß der Wirkung des *kamma* nicht feststellen.[38]

Zwar ist das im *Moḷiyasīvaka Sutta* erläuterte Schema ein wenig schwer zu verstehen, doch hat die scholastische Philosophie des Buddhismus (unter dem Namen *Abhidhamma* bekannt) fünf Arten *(niyamas)* der Entstehung in Abhängigkeit klassifiziert[39] (siehe Abbildung 1). Diese Arten sind (1) die physisch-anorganische *(utu-niyama)*, (2) die biologische *(bīja-niyama)*, (3) die nicht-willentliche mentale (*mano-* oder *citta-niyama*), (4) die ethische (*kamma-* oder *karma-niyama*) und (5) die spirituelle (*dhamma-* oder *dharma-niyama*).

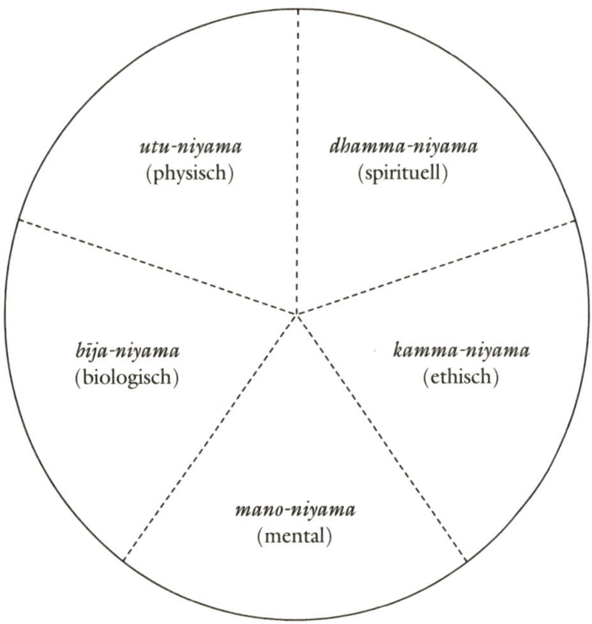

Abb. 1: Die fünf Arten (niyamas) der Entstehung in Abhängigkeit

Eine Untersuchung dieser *niyamas* kann uns zu einem besseren Verständnis der Reichweite und Bedeutung des *Karmas* im menschlichen Leben verhelfen. *Utu-niyama* umfasst die Naturgesetze, beispielsweise diejenigen der Physik und der Chemie. Wenn wir nach einer Erklärung für das Auftreten eines Erdbebens suchen, ist uns mit der Theorie der Plattentektonik besser gedient als mit einer Theorie über *Karma*. *Bīja-niyama* regiert die physikalisch-organische Ordnung einschließlich der Gesetze der Biologie. Wenn ich mir beispielsweise eine Erkältung zuziehe, ist es sinnvoller, dies mit der Wirkung eines Virus zu erklären, als vom Wirken »moralischer« Ursachen auszugehen. *Mano-* oder *citta-niyama* regiert die Gesetze des Geistes und steht in einer gewissen Beziehung zur Psychologie. Die Phänomene des Schocks und des posttraumatischen Stresses beispielsweise lassen sich am besten in diesem Zusammenhang erklären. *Karma-niyama* bezieht sich auf die Sphäre willentlichen menschlichen Verhaltens (was Verhalten des Körpers, der Sprache und des Geistes einschließt). In der Praxis ist es nicht leicht, die willensbestimmte geistige Sphäre von derjenigen zu unterscheiden, auf die der Wille keinen Einfluss hat. Was genau *dharma-niyama* bedeutet und welchen Bereich diese Art von Entstehung in Abhängigkeit prägt, ist nicht klar. Eine traditionelle Beschreibung verbindet sie mit Wundern im Leben des Buddha, doch kann man sie auch als das der spirituellen Entwicklung zu Grunde liegende Prinzip verstehen.[40] So betrachtet, erklart *dharma-niyama* den Prozess, mit dessen Hilfe wir unsere Selbstbezogenheit, unseren Hass und unsere Unwissenheit überwinden und zu Großzügigkeit, Mitgefühl und Verstehen gelangen können. Im traditionellen Sinne erklärt die Existenz dieses Bereichs, wieso und wie wir uns vom bestimmenden Einfluss des *Karmas* und der Wiedergeburt befreien und das Rad des immer neuen Werdens zum

Stillstand bringen können. *Dharma-niyama* liegt der Dynamik der spirituellen Entwicklung zu Grunde.

Man kann die Kategorie des *dharma-niyama* aber auch als den »unverdienten« mitfühlenden Einfluss verstehen, den jemand anders auf unser Leben ausübt. Anders ausgedrückt ist dies der Einfluss des Heiligen auf die Welt. Der Heilige verhält sich anderen Menschen gegenüber nicht im Einklang mit ihrem Karma, sondern er zeigt gegenüber allen Mitgefühl, völlig unabhängig von irgendwelchem Verdienst, das die Betreffenden angesammelt haben. Die Bibel beispielsweise fordert auf:

> Liebt eure Feinde, tuet wohl denen, die euch hassen, segnet, die euch verfluchen, bittet für die, die euch beleidigen.[41]

Ein Heiliger kann sich entscheiden, einem bösen Menschen zu helfen – statt ihn zu meiden –, gerade *weil* der Betreffende böse ist und der Erlösung bedarf. Im Buddhismus wird diese Einstellung mythisch in der Gestalt des Kṣitigarbha[42] verkörpert. Aus Mitgefühl kümmert dieser sich um Wesen, die unter den schrecklichen Folgen ihres Karmas leiden. Ihm ist klar, dass sie, wenn sie sich selbst überlassen bleiben, ihre schlechten Gewohnheiten verstärken werden, indem sie sich weiterhin auf schädigende Weisen verhalten. Deshalb greift er ein, um ihnen zu helfen, aus ihrem Teufelskreis auszubrechen und einen Weg aus ihrer selbstgeschaffenen Hölle zu finden. Ein konkretes Beispiel hierfür ist ein Drogen-Rehabilitationsprogramm, das Süchtige nicht wie Kriminelle behandelt und sie dementsprechend bestraft, sondern sie als Menschen sieht, die verzweifelt Hilfe suchen. Ungeachtet dessen, was sie getan haben mögen, möchten einige mitfühlende Menschen ihnen helfen. Den Helfern ist klar, dass die Süchtigen ohne Unterstützung anderer niemals in der Lage sein werden, sich selbst zu helfen. Wir bekommen nicht immer, was wir »verdienen«, sondern manchmal mehr und manchmal viel weniger. Zumindest in diesem Sinne ist das Universum nicht völlig »fair«.

Wenn wir das Erleben im Sinne der fünf *Niyamas* analysieren, erkennen wir, dass *Karma* nur *eine* Anwendungsform des allgemeinen Prinzips des Entstehens in Abhängigkeit ist und dass deshalb viele Umstände und Resultate wahrscheinlich von Bedingungen bestimmt werden, die nur sehr indirekt mit *Karma* zusammenhängen. Andererseits sollten wir uns hüten, diese verschiedenen Arten von Bedingtheit als völlig getrennt nebeneinander existierend anzusehen. In Wirklichkeit gibt es keine fünf klar abgrenzbaren Arten von Konditionalität. Dieses Schema ist nur eine Beschreibung, eine »Landkarte« des tatsächlichen Geschehens. Jedes Erlebnis umfasst ein riesiges Netzwerk von Bedingungen; unser früheres moralisches Verhalten beeinflusst oft unser gegenwärtiges Erleben, doch in vielen Situationen üben auch nicht-moralische Faktoren einen stärkeren Einfluss aus. Die Lehre von den fünf *Niyamas* ist somit eine komplexere und differenziertere Beschreibung dessen, weshalb Dinge so geschehen, wie sie geschehen, als dies bei der weiter oben kritisierten, relativ simplen *Karma*-Sichtweise der Fall ist. Wir müssen auch bedenken, dass die Handlungen anderer Menschen in jeder Situation eine wichtigere Rolle spielen können als unser eigener Karma-Strom; möglicherweise bewirken nicht unsere eigenen Einflüsse sondern sie durch ihre Bosheit oder Güte, dass wir leiden oder es uns gut geht.

Im Gespräch im Bambushain in Rājagaha fragt einer der engsten Schüler des Buddha, Sāriputta, nach dem Ursprung des Leidens. Wird Leiden durch uns selbst oder durch andere erzeugt? Entsteht es sowohl durch uns selbst als auch durch andere? Manifestiert es sich zufällig?[43] Der Buddha antwortet, dass Leiden in Abhängigkeit von bestimmten Bedingungen entsteht. Er weist darauf hin, dass ohne (physischen oder mentalen) Sinneskontakt kein Leiden möglich ist. Die Hervorhebung dieser Bedingung veranschaulicht, dass eine Anzahl von Voraussetzungen erfüllt sein muss, bevor das Erlebnis des Leidens – oder auch der Freude – möglich wird; *Karma* ist nur eine davon.

Zum Abschluss möchte ich noch einmal klar sagen, dass ich es für nicht angemessen halte, generell anzunehmen, dass Menschen auf Grund ihres früheren Karmas leiden. Dies ist zwar möglich, doch wie das Beispiel der fünf *Niyamas* gezeigt hat, gibt es noch eine Anzahl anderer Möglichkeiten. Sangharakshita, mein spiritueller Lehrer, hat eine Methode des Reagierens auf Widrigkeiten empfohlen, die einige der potenziellen Gefahren der »Alles ist *Karma*«-Sichtweise meidet. Er empfiehlt, alle anderen möglichen Erklärungen erschöpfend zu untersuchen, bevor wir darüber nachdenken, ob unser Leiden dem *Karma* zuzuscheiben ist.

> Erst nachdem man jeden erdenklichen Versuch unternommen hat, eine bestimmte Bedingung zu entfernen, und nachdem sich herausgestellt hat, dass trotz anderer günstiger Umstände ein unbekannter Faktor alle unsere Bemühungen zunichte macht, sind wir berechtigt, auf die Idee der karmischen Reste zurückzugreifen und anzunehmen, dass der betreffende Zustand auf Karma basiert.[44]

4

WAS IST EIN KARMA?

Einige sagen, das Prinzip des *Karmas* lasse sich in dem Satz »Handlungen haben Folgen« zusammenfassen; es beinhaltet jedoch wesentlich mehr. Wie die Lehre über die fünf *niyamas* veranschaulicht, ist *Karma* kein allgemeines Prinzip der Verursachung und nicht einmal ein allgemeines Gesetz des Handelns, sondern eine praxisbezogene Lehre, die die buddhistische Ethik untermauert. Sie erklärt, wie unser absichtliches Verhalten nicht nur zur Transformation unseres moralischen Charakters – zum Besseren oder zum Schlechteren –, sondern auch unserer Beziehungen zu anderen Menschen und sogar zur Welt, in der wir leben, führt. Was genau macht also eine Handlung zu einem Karma?

Die Bedeutung der Absicht

Vergegenwärtigen wir uns, dass ein Karma im Brahmanismus eine *rituelle* Handlung war – seine Wirksamkeit hing von der adäquaten Ausführung eines genau festgelegten Rituals ab. Karmas hatten eine bestimmte feste Wertigkeit, die jeweils eine bestimmte Quantität an Verdienst (oder Schuld) erzeugte, völlig unabhängig vom Geisteszustand des Handelnden. Der Buddha jedoch verstand Karma völlig anders. Er sah die *Absicht* bzw. *Intention (cetanā)* oder den Willen, der zu einer Handlung motiviert, als entscheidend an.[45] Das körperliche oder verbale Verhalten war für ihn zweitrangig (wenn auch nicht unwichtig).[46] Demnach kann die karmische Wertigkeit einer Handlung nicht allein durch Beobachtung ihrer oberflächlichen Form festgestellt werden, sondern man muss dazu auch die Motivation verstehen, durch die es zu der Handlung gekommen ist. Diese Motivation ist nicht immer klar erkennbar, weil zwei Handlungen oberflächlich ähnlich wirken, aber trotzdem von völlig gegensätzlichen Motiven inspiriert sein können. Nehmen wir beispielsweise an, zwei Menschen schenken mir etwas, und vielleicht sogar das Gleiche. Der erste will mir schmeicheln, um mich später bitten zu können, ihm mein Auto zu leihen; der zweite hat gemerkt, dass ich ein wenig niedergeschlagen bin, und will mich deshalb aufheitern. Der karmische Wert beider Handlungen ist unterschiedlich, weil sie unterschiedlichen Intentionen entspringen und deshalb auch unterschiedliche Konsequenzen haben werden (selbst wenn ich auf die Bestechung hereinfalle).

Man kann Intentionen grob zwei Kategorien zuordnen: heilsame *(kusala)* und unheilsame *(akusala)*. Heilsame Absichten entspringen aus Großzügigkeit, Mitgefühl und Verstehen, unheilsame wurzeln in Gier (Verlangen), Hass (Aversion) und Verblendung (spiritueller Ignoranz), den drei unheilsamen Wurzeln.[47] Heilsame Handlungen sollen positive Konsequenzen, unheilsame negative Konsequenzen erzeugen. Zwischen heilsamen und unheilsamen Wünschen zu unterscheiden lernen und den heilsamen entsprechend zu handeln, ist die Grundlage der buddhistischen

Ethik. In der Realität jedoch sind unsere Motive gewöhnlich weniger eindeutig – einige sind heilsam, andere unheilsam – und dies wirkt sich natürlich auf die Folgen aus, die sich manifestieren.

Aber was beinhaltet eine Intention? Sie beinhaltet, dass ein zu moralischem Urteil fähiges Wesen sich freiwillig für eine Handlung entscheidet. Folglich können nur Wesen, die wirklich in der Lage sind, auf moralischen Werten basierende Entscheidungen zu treffen und ihr Verhalten bewusst zu steuern, Karmas erzeugen. *Karma* hat also für Tiere, Babys und Menschen mit schweren mentalen Störungen oder Behinderungen keine Bedeutung (weil und insofern diese Wesen nicht zu moralischen Differenzierungen und reflektierten Entscheidungen in der Lage sind). Allerdings müssen wir den Begriff der willensgesteuerten Handlung hier sehr umfassend verstehen.

Viele Handlungen basieren zwar auf Entscheidungen unseres Willens, doch sind wir uns ihrer, während sie stattfinden, nicht sonderlich bewusst. Beim Autofahren beispielsweise wollen wir die Gänge wechseln, bremsen, beschleunigen usw., doch unser Geist erledigt all dies »automatisch«. Auch wenn wir uns unseres Wollens nicht in jedem Augenblick bewusst sind, treffen wir eine Entscheidung – nämlich das Auto zu fahren [und alles damit Zusammenhängende zu tun] – und tragen deshalb die Verantwortung für die Folgen dieses Tuns. Wie unsere Handlungen unsere eigene Zukunft, die Welt um uns und die Reaktionen anderer verändern, hängt vom Gewicht der Intention ab, die unserem Verhalten zu Grunde liegt. Obwohl unser gewohnheitsmäßiges oder halbbewusstes Verhalten wahrscheinlich den größten Teil unserer Karma erzeugenden Aktivität ausmacht, können einige spezifische Handlungen unsere karmische Zukunft entscheidend beeinflussen.

Manchmal werden Menschen gezwungen, Dinge zu tun, die sie normalerweise nicht tun würden, Dinge, die sie sogar selbst für falsch halten. Und doch tun sie diese Dinge aus Furcht. Sind dies beabsichtigte Handlungen? Statt nun zu versuchen, eine möglichst plausible und verbindliche Definition von Absicht bzw. Intention zu entwickeln, wollen wir uns ein Beispiel anschauen. Nach der »Großen Flucht« der in deutsche Gefangenschaft geratenen Angehörigen der alliierten Luftwaffe aus *Stalag Luft III* in Zagan (Polen) befahl Hitler, fünfzig der wieder eingefangenen Flüchtlinge hinzurichten. Einem deutschen Soldaten wurde befohlen, zwei dieser Männer zu erschießen. Der Betreffende konnte dies nicht mit seinem Gewissen vereinbaren, und außerdem war es ein Verstoß gegen die Konventionen im Umgang mit Kriegsgefangenen; er erschoss sie trotzdem, möglicherweise aus Angst vor Repressalien von Seiten der SS. Nach der Tat empfand dieser Soldat tiefe Reue, wurde aber später von den Alliierten festgenommen und erhängt.

Trotz moralischer Bedenken entschied jener Soldat sich, einen moralisch verwerflichen Befehl auszuführen, und dafür musste er später die Verantwortung tragen. Dies ist eine tragische Geschichte, aber möglicherweise würden nicht wenige von uns unter entsprechenden Umständen so handeln. Vor allem zeigt dieses Beispiel jedoch: Wo es eine Möglichkeit gibt, sich zu entscheiden, da gibt es auch moralische Verantwortung und somit Karma. Der Soldat empfand Reue, weil ihm klar war, dass er verschiedene Möglichkeiten gehabt hatte. Er hatte sich entschieden, den Wert seines eigenen Lebens höher einzustufen als den Wert des Lebens der gefangenen Angehörigen der alliierten Luftwaffe. Obwohl wir für seine Situation sicherlich Verständnis aufbringen müssen, ist es andererseits eine Tatsache, dass persönliche Entscheidungen dieser Art es Diktatoren ermöglichen, an der Macht zu bleiben.

Da spirituelle Ignoranz generell als unheilsam angesehen wird, können wir, auch wenn wir aus scheinbar positiven Motiven heraus handeln, uns trotzdem unheilsam verhalten. Sicher kennen Sie das Sprichwort »Der Weg zur Hölle ist mit guten Vorsätzen gepflastert« – dies gilt auch im Hinblick auf Karma. Selbst wenn etwas, das ich getan habe, »gut gemeint« war, kann mein Mangel an weiser Voraussicht bestimmte Konsequenzen haben. Es ist unsere Verantwortung, die potenziellen Folgen dessen, was wir tun, zu durchdenken. Für den Buddhismus ist Ignoranz eine Veranlagung, und Mangel an Gewahrsein eine schlechte Angewohnheit, keine unvermeidliche [dies wäre wertneutrale Unwissenheit oder »Verblendung«; Anm. d. Übers.] – und deshalb entschuldbare – Eigenart unseres Daseins. Wenn wir den Zustand der Ignoranz perpetuieren, indem wir ihn bestehen lassen, statt auf seine Überwindung hinzuarbeiten, ist das eine Willensentscheidung, die Einfluss auf unser Karma hat.

Wichtig ist weiterhin, dass im buddhistischen Sinne »Handeln« nicht nur Handlungen des Körpers, sondern auch solche der Sprache und des Geistes einschließt. Demnach sind sogar Gedanken, die wir nicht in die (physische) Tat umsetzen, im karmischen Sinne von Bedeutung – nicht zuletzt, weil sie unser Erleben auf eine bestimmte Weise einfärben. In einem tiefgründigeren Sinne werden wir zu dem, was wir denken. Wenn wir erst einmal gelernt haben, uns auf vernünftige, zivilisierte Weise zu verhalten, werden wahrscheinlich Gedanken, nicht physische Handlungen, zu unseren einflussreichsten Karmas. In bestimmten Fällen ist eine physische Handlung, der ein sehr schwacher Willensakt zu Grunde liegt, im karmischen Sinne weniger wichtig als ein Gedanke, der uns ständig begleitet, auch wenn er nicht in einer physischen Handlung zum Ausdruck gelangt. Nehmen wir beispielsweise an, ich betrete das Zimmer eines Mitbewohners und leihe mir eines seiner Bücher aus, wobei ich vergesse, dass der Betreffende gefragt werden möchte, wenn man etwas von ihm ausleihen will. Der Buddhismus bezeichnet dies als »Nehmen, was nicht gegeben wurde«. Die karmische Wirkung einer solchen Handlung ist jedoch möglicherweise schwächer als die meiner täglichen Übung von *mettā* oder liebender Güte, durch die ich dem betreffenden Menschen gegenüber absichtlich positive Gefühle kultiviere. Der Buddhismus versteht Gedanken als Handlungen, die eigene Konsequenzen erzeugen – nicht zuletzt deshalb, weil sie früher oder später in verbaler oder physischer Form zum Ausdruck gelangen.

Zwar ist ein Karma im Grunde eine Intention oder eine Willensäußerung, doch spielt das physische Handeln ebenfalls eine wichtige Rolle. Beispielsweise sind es zwei völlig verschiedene Dinge, vage darüber nachzudenken, ob ich meinem Freund anlässlich eines Besuchs einen Blumenstrauß mitbringen soll, oder dies tatsächlich zu tun. Zwar ist die Fantasie ebenso wie die physische Tat ein heilsames Karma, doch erfordert Letzteres mehr Engagement und Entschlossenheit und hat in verschiedenster Hinsicht signifikantere Folgen.

»Handeln« kann auch im Unterlassen bestehen, insbesondere wenn ich versprochen habe, mich auf eine bestimmte Art zu verhalten, oder wenn ich die Pflicht habe, dies zu tun. Beispielsweise haben alle Eltern die Pflicht, ihre Kinder zu schützen, zu ernähren und zu kleiden. Wenn sie ihre Verpflichtungen nicht erfüllen und ihre Kinder deshalb Schaden erleiden, müssen sie die moralische Verantwortung für ihr Handeln tragen (und möglicherweise werden sie auch juristisch dafür verantwortlich gemacht). Doch sind moralische Pflichten dieser Art nicht immer so klar zu erkennen. Wie weit beispielsweise reicht unsere Pflicht, den Hungernden in den Entwicklungsländern zu helfen? Wenn wir einen Spendenaufruf anlässlich einer Hungersnot ignorieren, sind wir dann mitschuldig am Tod derjenigen, die hungers sterben, weil wir uns geweigert haben, ihnen zu helfen? Aus dieser Perspektive betrachtet kann unsere Pflicht, anderen zu helfen, zu einer untragbaren Belastung werden, weil so viele Menschen so viele Dinge dringend brauchen. Doch wenn wir anlässlich eines Spendenaufrufs unseren spontanen Drang zu geben unterdrücken, unterbinden wir dadurch zumindest unseren inneren Impuls, auf eine Nachricht über das Leiden anderer hin etwas zu unternehmen. Auch dies ist eine karmische Folge, die uns in eine andere Art von Person verwandelt. Je stärker wir die in uns auflodernden positiven ethischen Impulse ignorieren, umso mehr schwächen wir unsere moralische Sensibilität.

Einer anderen Sichtweise gemäß geht es beim Karma um *Wahl* bzw. Entscheidung – allerdings werden die beiden Begriffe in diesem Fall in einem umfassenderen Sinne verstanden als normalerweise. Ich möchte das etwas genauer erklären. Eine signifikante Entscheidung – die uns im Augenblick, in dem wir sie treffen, sehr wichtig ist – kann uns dazu bringen, eine Handlungssequenz auszuführen. Mit unserer ersten Entscheidung wählen wir sozusagen auch deren potenzielle Folgen. Darüber müssen wir uns im Klaren sein, wenn wir eine tiefer reichende ethische Sensibilität ausbilden wollen. Indem wir darüber reflektieren, entwickeln wir ein tieferes Verständnis der Gewichtigkeit des gegenwärtigen Augenblicks, weil uns klar wird, dass das, was wir zu tun im Begriff sind, eine Ereignisfolge in Gang setzt, die noch in ferner Zukunft wirken wird. Gewöhnlich denken wir über Entscheidungen, die wir treffen, kaum nach, doch wenn wir unsere Vorstellungskraft auch nur ein wenig bemühen, kann uns dies zu dem Bewusstsein verhelfen, dass selbst beiläufige Entscheidungen unser Schicksal erheblich zu beeinflussen vermögen.

Beispielsweise beschloss vor einigen Jahren ein junger Bankkaufmann mit Namen Nick Leeson, der für die Barings-Bank arbeitete, mit Geldern seiner Bank auf dem Aktienmarkt zu spekulieren. Er hatte vor, das »entliehene« Geld nach erfolgreichem Abschluss der Transaktionen unbemerkt zurückzuzahlen. Unglücklicherweise verlor er bei seinen Spekulationen, statt zu gewinnen. Um letztendlich doch noch Gewinn zu machen und so seine Täuschung kaschieren zu können, investierte er eine noch größere Summe, wieder Gelder der Bank, machte aber erneut Verlust. Dann begann er, die Buchhaltung zu manipulieren, um seine Fehler zu vertuschen; dabei verlor er nochmals Geld. Dies führte schließlich dazu, dass die Bank Konkurs anmelden musste. Später wurde Leeson festgenommen. Er hatte weder die Absicht gehabt, die Bank zu ruinieren, noch hatte er irgendjemanden betrügen wollen. Doch der negative Ausgang seines ersten Glücksspiels mit fremdem Geld hatte ihn zu einer Reihe weiterer Glücksspiele veranlasst, und die sich daraus ergebenden Folgen hatte er weder vorausgesehen noch waren sie ihm recht. Ein solches albtraumhaftes Szenario, bei dem unser Leben allmählich völlig außer Kontrolle gerät, kann jeder von uns erleben.

Wir treffen also Entscheidungen auf verschiedenen Ebenen. Obwohl wir im Prinzip völlig frei sind, können wir unsere Freiheit in der Praxis nur nutzen, wenn wir uns für eine bestimmte Handlungsweise entscheiden. Da wir durch eine solche Entscheidung bestimmte andere Möglichkeiten zwangsläufig ausschließen, führt jede Stellungnahme dieser Art zur Einschränkung unserer weiteren Entscheidungsmöglichkeiten, und auf diese Weise können wir letztendlich in eine Situation hineingezwungen werden, die uns ganz und gar nicht recht ist. Wir können uns dann zu einer Entscheidung verpflichtet fühlen, die wir lieber nicht treffen würden. Wahrscheinlich bindet uns jede wichtige Entscheidung im Leben an andere Entscheidungen, die wir nicht vorausgesehen hatten und die möglicherweise ganz und gar nicht unseren Vorstellungen entsprechen. Durch die erste Entscheidung binden wir uns auch für die sich daraus ergebenden. Dies verstärkt unser Bewusstsein der großen Bedeutung des gegenwärtigen Augenblicks; was wir tun, *wird* die Welt verändern, so unterschwellig dieser Einfluss auch wirken mag. Wir werden mit den Folgen unserer Entscheidungen leben müssen.

Menschen, die an ihrer spirituellen Entwicklung arbeiten, sind nicht nur besser in der Lage, Verantwortung für ihre Entscheidungen zu übernehmen, sondern sie *erweitern* außerdem im Laufe ihres spirituellen Wachstumsprozesses ihre Entscheidungsmöglichkeiten. Warum ist das so? Relativ unbewusste Menschen stolpern gewöhnlich durch das Leben und treffen Entscheidungen mit weit reichenden Implikationen, ohne sich darüber im Klaren zu sein. Weil ihnen gar nicht bewusst ist, dass sie wichtige Entscheidungen getroffen haben, können sie diese auch nicht überprüfen oder revidieren und haben deshalb das Gefühl, dass ihr Leben von Kräften bestimmt wird, auf die sie keinen Einfluss haben. Die Folge kann sein, dass sie anderen Menschen – meist in Gestalt einer äußeren Autorität wie der Regierung – die Schuld daran geben, dass sie sich in einer Situation befinden, die ihnen nicht gefällt und die zu verändern sie sich nicht in der Lage fühlen. Doch wenn wir nicht mehr daran glauben, dass wir nach unseren eigenen Vorstellungen leben können, entrechten wir uns, wir werden zu Opfern, und unser spiritueller Fortschritt wird zu einem Spielball des Zufalls, statt dass er unserer persönlichen Verantwortung unterliegt.

Entscheidungen im karmischen Sinne sind nicht immer klar zu erkennen. Wenn wir nicht darüber nachdenken, ob wir Dinge unterschiedlich tun können, oder wenn wir uns nicht darüber im Klaren sind, dass wir dies könnten, heißt das nicht, dass wir keine Entscheidungsmöglichkeiten haben. Mangelnde Bewusstheit ist auch schon eine Entscheidung – eine Gewohnheit, die wir Augenblick für Augenblick verstärken und perpetuieren, solange wir nichts daran ändern. Dass wir im Laufe unserer Alltagsaktivitäten viele unserer Entscheidungen nicht bewusst registrieren, mag teilweise erklären, weshalb wir uns manchmal über einige ihrer Implikationen ärgern. Spiritualität beinhaltet, dass wir uns unseres Entscheidens und auch dessen, *wie* wir in jedem Augenblick entscheiden, immer stärker bewusst werden und dass wir unsere Entscheidungen dann unseren höchsten Werten anpassen.

Nicht alle Entscheidungen, die wir treffen, sind aus karmischer Sicht gleich. Die scholastische buddhistische Philosophie beispielsweise unterscheidet vier Arten von Karmas und ordnet sie ihrer mutmaßlichen Prioritätenfolge entsprechend. Diese sind (1) gewichtige *(garuka)* Karmas, (2) todesnahe *(maraṇāsanna)* Karmas, (3) gewohnheitsmäßige *(āciṇṇa)* Karmas und (4) restliche *(kaṭattā)* Karmas.

Ein gewichtiges Karma hat wahrscheinlich einen starken Einfluss auf die Entwicklung unserer Existenz. Traditionell werden die fünf »abscheulichen Verbrechen« den unheilsamen gewichtigen Karmas zugerechnet: die eigene Mutter oder den eigenen Vater zu töten, einen Heiligen *(arhant)* zu töten, einen Buddha zu verletzen (offenbar kann man einen Buddha nicht töten) und eine Spaltung in der spirituellen Gemeinschaft *(sangha)* hervorzurufen. Jede dieser Handlungen hat eine Wiedergeburt in der Hölle zur Folge.[48] Das einzige *heilsame* gewichtige Karma, das in den traditionellen Schriften erwähnt wird, ist der Eintritt in Zustände der Überbewusstheit *(dhyāna)* durch Meditation. Doch wir brauchen uns nicht starr an diesem Schema zu orientieren. Der Grundgedanke ist: Wenn wir unheilsame Dinge tun, wirkt sich dies negativ auf unsere zukünftigen Leben aus; heilsames Handeln hingegen hat eine positive Wirkung. Wollten wir die Vorstellung gewichtigen Karmas auf zeitgemäßere Weise deuten, könnten wir sagen, dass ein gewichtiges Karma eine Entscheidung oder Handlung ist, die unser Leben maßgeblich beeinflusst – oder es wieder auf den rechten Weg zurückführt. In diesem Sinne kann beispielsweise eine religiöse Bekehrung ein gewichtiges Karma sein.

Ist kein gewichtiges Karma vorhanden, kommt todesnahes Karma ins Spiel. Die meisten Religionen messen den Wünschen eines Menschen in der Todesstunde große Bedeutung bei, und der Buddhismus ist in dieser Hinsicht keine Ausnahme. Die Absichten und Bestrebungen, die ein Mensch während seiner letzten Atemzüge hegt und zum Ausdruck bringt, können eine starke transformierende Wirkung haben, und nach traditioneller Überzeugung vergrößern sie unsere Aussichten auf eine gute Wiedergeburt. Auch wenn wir nicht an die Wiedergeburt glauben, gibt das, was uns in unserer Todesstunde beschäftigt, wahrscheinlich zuverlässigen Aufschluss darüber, welche Art von Leben wir geführt haben und welche Werte uns besonders wichtig waren.

Die dritte Art von Karma ist das »gewohnheitsmäßige« Karma. Dies ist sozusagen das »Brot und Butter«-Karma, das wir die meiste Zeit über produzieren. Welche Wirkungen ein einzelnes gewohnheitsmäßiges Karma genau hat, mag nur schwer auszumachen sein, doch jedes Mal, wenn wir eine Gewohnheit ausleben, vergrößern wir dadurch die Wahrscheinlichkeit, dass wir dies später erneut tun werden. Im Laufe der Monate und Jahre entsteht so unser Charakter, wie ein Töpfer aus dem Ton allmählich eine Form entwickelt.

Die letzte Art von Karma ist das »restliche« Karma, das alles einschließt, was die übrigen drei Kategorien nicht abdecken. Beispielsweise zählen hierzu gewöhnliche, alltägliche Karmas, die weder gewichtig sind noch durch gewohnheitsmäßiges Handeln verstärkt werden. Wenn wir etwa in einem Augenblick des Leichtsinns einen Ladendiebstahl begehen und dies nur einmal tun, entsteht dadurch noch keine Gewohnheit. Natürlich wirkt sich eine solche Tat auf unser Leben aus, aber es ist nicht unbedingt leicht festzustellen, worin genau diese Wirkung besteht. Vielleicht bereuen wir am folgenden Tag, was wir getan haben, und möchten es wieder gut machen.

Karmas sind also keineswegs alle gleichartig – einige sind einflussreicher und wirksamer als andere. So kann ein gewichtiges Karma den Einfluss eines gewohnheitsmäßigen außer Kraft setzen, wohingegen ein gewohnheitsmäßiges ein restliches Karma »ausschalten« kann.

Zwei wichtige Annahmen

Karma basiert auf zwei wichtigen Annahmen über den menschlichen Charakter. Die erste ist, dass der menschliche Charakter nicht unveränderlich ist; die zweite, dass willentliches Handeln den Charakter verändern kann. Die Auseinandersetzung mit diesen Annahmen hilft uns, die Wirkung von Karma zu verstehen.

1. Der menschliche Charakter ist formbar

Der »gesunde Menschenverstand« hält die menschliche Persönlichkeit für ziemlich unveränderlich. Diese Sichtweise wird oft mit dem Glauben an die Existenz einer ewigen Seele verbunden, so wie die christliche Lehre sie versteht. Viele Menschen, nicht nur Christen, glauben, dass die Person eine Essenz, einen Wesenskern hat – dass an jedem menschlichen Individuum etwas fest und dauerhaft ist. Unser Erleben scheint diese Überzeugung zu bestätigen: Menschen haben eine erkennbare Persönlichkeit, ihr Verhalten wird von Gewohnheiten bestimmt, und meist verändern sie sich im Laufe der Zeit nicht sehr. Nach buddhistischer Auffassung ist diese Sichtweise unzutreffend und resultiert aus existenzieller Unsicherheit, aus dem Bedürfnis nach einem Gefühl der Festigkeit, Wirklichkeit und Dauerhaftigkeit. Ohne leugnen zu wollen, dass Menschen in gewisser Hinsicht eine deutlich erkennbare Persönlichkeit haben, lehnt der Buddhismus die Behauptung ab, dass es irgendetwas absolut Unveränderliches gibt. Wäre dies der Fall, müsste das Prinzip der Entstehung in Abhängigkeit schwer wiegende Mängel aufweisen, und eine spirituelle Entwicklung wäre unmöglich. Doch obwohl der Buddhismus eine gewisse Kontinuität der menschlichen Persönlichkeit als gegeben anerkennt, hält er diese andererseits für formbar. Die Veränderungsfähigkeit des Menschen ist nahezu unbegrenzt: Ein furchtsamer Mensch kann Selbstsicherheit entwickeln, ein Geizhals Großzügigkeit, jemand, der zu Wutanfällen neigt, kann friedlich werden, und jemand, der sich ständig ungeschickt anstellt, kann an der Verbesserung seiner Aufmerksamkeit arbeiten. Wie alles andere sind auch unsere Persönlichkeit und unsere Charakterzüge von Bedingungen abhängig, und sobald diese nicht mehr existieren, verändern sich die scheinbar beständigen Manifestationen.

Diese Formbarkeit des Charakters und insbesondere der moralischen Beziehungen eines Menschen zu anderen wird auf wunderbare Weise in George Eliots Roman *Silas Marner*[49] veranschaulicht. Silas, ein angesehenes Mitglied einer kleinen religiösen Sekte, wird fälschlich des Diebstahls bezichtigt und durch Losentscheid »überführt«. Damit beginnt seine erste moralische Veränderung. Weil sein Glaube erschüttert ist, verlässt er sein Heimatdorf und lässt sich in Raveloe nieder. Dort stürzt er sich in seine Arbeit und meidet die unzuverlässige menschliche Gesellschaft. Silas sammelt einen Goldschatz an. Verbittert durch die unfaire Behandlung, die ihm widerfahren ist, kümmert er sich um nichts anderes mehr als um seinen wachsenden Reichtum. Tag für Tag wird er geiziger und menschenfeindlicher.

Einige Zeit später stiehlt Dunstan, der ungeratene Sohn des örtlichen Gutsherrn, Silas Marners Gold. Wieder wird Silas vom Leben geschlagen, und weil der Dieb nicht überführt wird, stürzt Silas in tiefe Armut. Einige Monate später entdeckt er eines Tages ein kleines Mädchen in der Nähe seines Hauses. Als er der Spur folgt, die das Kind im Schnee hinterlassen hat, gelangt er zu seiner Mutter, die auf tragische Weise umgekommen ist. Das Auftauchen des Mädchens, dem er den Namen Eppie gibt, deutet Silas als einen Segen, den er zum Ausgleich für den Verlust des Goldes erhalten hat. Er lernt, das Kind zu lieben – und das Kind lernt, ihn zu lieben. So wird seine Seele umgewandelt, und sein Hass auf die Menschen löst sich auf. Dies ist seine zweite moralische Verwandlung.

Viele Jahre später machen sich Silas und Eppie gemeinsam auf den Weg zu seinem alten Haus, das jedoch mittlerweile abgerissen worden ist. Dort, wo es früher stand, ist eine Fabrik erbaut worden. Dieses Erlebnis befreit ihn vom Fluch seiner Vergangenheit und ermöglicht ihm, in Frieden in seine Heimat zurückzukehren. Durch das Wunder, das Eppie bewirkt hat, vermag Silas dem Leben wieder zu vertrauen und seinen Groll wegen der erlittenen Ungerechtigkeit zu überwinden. Diese zunächst tragische, am Ende jedoch erbauliche Geschichte zeigt, dass sich unser Charakter im Laufe unseres Leben nicht nur zum Schlechten verändern, sondern sich auch regenerieren kann.

2. Willentliche Handlungen verändern den Charakter

Karma beinhaltet nicht nur, dass der menschliche Charakter formbar ist, sondern auch, dass er durch die Handlungen, die wir willentlich ausführen, verändert wird. Ein Blick auf die traditionelle buddhistische Analyse der menschlichen Existenz hilft, dies zu erklären. Die buddhistische Lehre unterteilt die menschliche Existenz in fünf Aspekte (*skandhas*, wörtlich: »Anhäufungen«): Form, Empfindungen, Wahrnehmung, psychische Formkräfte und Bewusstsein.[50] Statt alle diese Aspekte hier ausführlich zu beschreiben, werden wir uns auf einen beschränken: den der psychischen Formkräfte *(saṃskāras)*. Was jeden Menschen erkennbar und einzigartig macht, ist die Summe seiner psychischen Formkräfte. Diese sind unsere Tendenzen zu handeln, zu sprechen und auf eine bestimmte Weise zu denken. Sie prägen unsere Gewohnheiten und machen dadurch das aus, was uns von anderen Menschen unterscheidet. Sie sind jene Aspekte unseres Charakters, die andere immer wieder loben oder über die sie sich beklagen. Je nach unserer speziellen moralischen Eigenart sind einige dieser Gewohnheiten heilsam und andere unheilsam. Auf Grund ihrer relativen Beständigkeit halten wir diese Gewohnheiten meist für dauerhaft und unveränderlich; aber das ist ein Fehler, der uns hindert, sie zu verändern und unser Potenzial zu verwirklichen.

Unsere »Essenz« – sofern dieser Begriff auch nur irgendeinen Sinn hat – besteht darin, dass wir ein ständig sich veränderndes Bündel von Gewohnheiten sind. Durch jede willentliche Handlung, die wir ausführen, wird eine bestimmte Tendenz verstärkt, und jedes Mal wenn wir der Versuchung erliegen, anders zu handeln, unterminieren wir die Stärke des Willens, der uns drängt, die betreffende Handlung zu wiederholen. So verändern wir uns von Augenblick zu Augenblick. Kurzfristig jedoch ist solch eine Veränderung meist nicht wahrnehmbar; sie wird erst nach vielen Jahren deutlich. Plötzliche, starke Persönlichkeitsveränderungen sind selten, allerdings nicht völlig ausgeschlossen. Wenn wir die Dynamik der Persönlichkeitsveränderung verstehen, hilft uns das möglicherweise, die langsame, mühsame und manchmal sogar mühselige Arbeit der persönlichen Veränderung auf uns zu nehmen. Wir können uns nicht über Nacht völlig verändern, weil unsere tiefer eingefleischten Muster des Denkens, Fühlens, Sprechens und Verhaltens sich nur mittels stetiger Aufmerksamkeit über einen langen Zeitraum verändern lassen. Eine Blitzkur gibt es nicht. Doch auch wenn sich ein Fortschritt nur langsam und mit großer Mühe erzielen lässt, ist er möglich. Weil unser Selbst nicht fest und unveränderlich ist, können wir zur spirituellen Befreiung gelangen.

5

FRÜCHTE DES KARMAS

Ein Karma besteht im Grunde aus einer Entscheidung, die allerdings nicht unbedingt zu physischem Handeln oder zu einem Akt sprachlichen Ausdrucks führen muss. Doch wenn eine Entscheidung nicht in die Tat umgesetzt wird, was für eine Art von Wirkung kann sie dann haben? Die durch Karmas erzeugten Folgen werden *vipākas* (Wirkungen) oder *phalas* (Früchte) genannt. Welche Arten von Wirkung also erzeugen Karmas? Wie ist die karmische Frucht beschaffen? Oft heißt es, dass wir »ernten, was wir säen«, so als würde ein Karma automatisch zu einem ganz bestimmten Resultat führen. Doch ebenso wie eine gute Ernte nicht nur von der Aussaat, sondern auch noch von vielen anderen Faktoren (beispielsweise dem Wetter) abhängt, entfalten Karmas ihre Wirkung im Einklang mit dem allgemeinen Prinzip der Bedingtheit der Phänomene.

Wir haben bereits erläutert, dass Karma ein Prinzip moralischer Wirksamkeit ist, kein generelles Kausalprinzip. Demnach sind nur von einem moralischen Antrieb durchdrungene Konsequenzen auf Karma zurückzuführen. Viele Konsequenzen unseres Handelns lassen sich besser durch andere Faktoren erklären. Werfe ich beispielsweise einen Ball aus einem Fenster, fällt er nicht deshalb zu Boden, weil ich gut, schlecht oder moralisch neutral bin, sondern weil Körper, die sich in der Luft befinden, fallen. Diese spezielle Frucht oder Konsequenz wird nicht in besonderem Maße durch meinen moralischen Zustand beeinflusst; ob ich gut, schlecht oder moralisch neutral bin, das Resultat ist fast mit Sicherheit das Gleiche, weil es von *utu-niyama*, der physisch-organischen Ordnung, nicht von *karma-niyama*, bestimmt wird.

Nach brahmanischer Auffassung reifen die Früchte des Karmas nur von Leben zu Leben, nicht innerhalb eines Lebens. Demnach ernten wir erst in unserem nächsten Leben die Frucht der karmischen Samen, die wir in diesem Leben säen, und gleichzeitig säen wir dann weiteres Karma aus, das erst im folgenden Leben reift. Wir können also nicht hoffen, das Muster unseres gegenwärtigen Lebens zu verändern, sondern müssen uns darauf verlassen, dass wir den »Lohn« unseres guten Karmas im nächsten Leben ernten werden. Diese Sichtweise erfordert ein ziemlich starkes Vertrauen. Der Buddhismus hat die möglichen Zeitpunkte, zu denen Karmas reifen können, auf folgende vier Kategorien erweitert: (1) Karma, das Konsequenzen in diesem Leben hat, (2) Karma, das Konsequenzen im nächsten Leben hat, (3) Karma, das Konsequenzen in irgendeinem zukünftigen Leben hat, und (4) Karma, das erschöpft wird, bevor es seine Wirkung entfaltet (siehe hierzu Seite 109).

Im *Cūḷakammavibhaṅga Sutta*[51] wird beschrieben, wie der frühe Buddhismus die Beziehung zwischen Karma und seinen Folgen verstand. Darin werden sieben unterschiedliche Handlungen und ihr jeweiliges Gegenteil untersucht, und es wird aufgelistet, welche Konsequenzen aus jeder dieser Handlungen im nächsten Leben des Handelnden resultieren (siehe hierzu die Tabelle auf der folgenden Seite.) Beispielsweise wird behauptet, wenn wir lebende Wesen töten würden, müssten wir in unserem nächsten Leben mit einer kurzen Lebenszeit rechnen. Außerdem behauptet es, wenn wir in diesem Leben zu Wutausbrüchen neigen würden, drohe uns im Folgenden eine Wiedergeburt in einem hässlichen Körper. Es wird also ein direkter Zusammenhang zwischen einem Karma und seinen Konsequenzen in Form einer Art »verbrechensgemäßer Bestrafung« hergestellt. Alles ist hübsch geordnet. Die Konsequenzen, die bestimmten Karmas zugeschrieben werden, fallen sehr unterschiedlich aus; sie betreffen die Lebenszeit, die körperliche Gesundheit, die äußere Erscheinung, die gesellschaftliche Bedeutung, die ökonomische Situation, die Kasten- oder Klassenzugehörigkeit und den Intelligenzgrad. Interessant ist, dass abgesehen von der Intelligenz keine der mutmaßlichen Konsequenzen des Karmas eines Menschen in irgendeiner Beziehung zum künftigen Charakter des Betreffenden steht. Meiner Meinung nach zeigt dies, dass das buddhistische Denken über Karma zum Zeitpunkt der Entstehung dieses Suttas noch stark vom brahmanischen Denken beeinflusst war. Und nicht nur die psychische Dimension des Karmas wird noch nicht vollständig gewürdigt, sondern Karma wird außerdem als die wichtigste (wenn nicht gar die einzige) Erklärung für Unterschiede zwischen Menschen gesehen – beispielsweise dafür, weshalb einige Menschen leiden und andere nicht. Im Rahmen unserer Beschäftigung mit den fünf *niyamas* haben wir bereits gesehen, dass das nicht immer der Fall ist.

Die Beziehung zwischen kamma und vipāka gemäß dem *Cūlakammavibhaṅga* Sutta (Majjhima Nikāya 135)			
kamma		**vipāka**	
kusala **oder heilsam**	*akusala* **oder unheilsam**	*sugati* **oder glückliche Folgen**	*duggati* **oder unglückliche Folgen**
keine Wesen töten	Wesen töten *(paṇātipāta)*	langlebig *(dīghāyuka)*	kurzlebig *(appāyuka)*
keine Wesen schädigen	Wesen schädigen *(viheṭhaka)*	gesund *(appābādha)*	kränkelnd *(bavhābādha)*
nicht wütend	wütend *(kodhana)*	schön *(pāsādika)*	hässlich *(dubbaṇṇa)*
nicht neidisch	neidisch *(issāmanaka)*	einflussreich *(mahesakkha)*	machtlos *(appesakkha)*
großzügig *(dātar)*	nicht großzügig	reich *(mahābhoga)*	arm *(appabhoga)*
ehrerbietig und bescheiden	halsstarrig und überheblich *(thaddha, atimānī)*	hoch geboren *(uccākulīna)*	niedrig geboren *(nīcākulīna)*
fragt sich, was heilsam ist	fragt sich nicht, was heilsam ist *(kusala)*	klug *(mahāpaññā)*	dumm *(duppañña)*

In der frühbuddhistischen Überlieferung gibt es viele Geschichten, die oberflächlich eine sehr buchstäbliche und direkte Beziehung zwischen Karma und *vipāka* beschreiben. Beispielsweise finden wir in den *Udāna* (»Versen der Inspiration«) die Geschichte von Suppabuddha, einem Leprakranken, der beim Betteln den Buddha trifft, während dieser eine Lehrrede hält.[52] Suppabuddha erlangt auf der Stelle transzendentale Einsicht, wird aber unmittelbar danach von einer verrückt gewordenen Kuh getötet. Später wird der Buddha von einem seiner Anhänger gefragt, weshalb Suppabuddha an Lepra erkrankt sei. Darauf soll der Buddha geantwortet haben, Suppabuddha habe in einem früheren Leben einen Heiligen *(arhant)* beleidigt, indem er ihn als Aussätzigen bezeichnet und ihm ins Gesicht gespuckt habe. Für diese üble Tat habe er viele hunderttausend Jahre in der Hölle gelitten und sei danach auf Grund des noch verbliebenen Karma-Restes selbst als Aussätziger geboren worden.

Nun mag die in dieser Geschichte unterstellte »poetische Gerechtigkeit« zwar einen gewissen emotionalen oder sogar ästhetischen Reiz haben, doch vereinfacht ein solches symmetrisches Verständnis der Beziehung zwischen einem bestimmten Karma und seiner erlebten Wirkung das komplexe und oft schwer durchschaubare Wesen realer Ereignisse. Wir könnten dieses Karma-Verständnis als »Volksmodell« bezeichnen, das sich insofern als wirksam erwies, als es Menschen von schädigenden Handlungen abhielt und sie zu guten Taten anspornte. Aus philosophischer Perspektive ignoriert diese Sichtweise jedoch die verschiedenen Arten von Bedingtheit. Derartige besonders direkte Korrelationen zwischen Karmas und ihren Wirkungen sollten als Veranschaulichungen der allgemeinen Wahrheit verstanden werden, dass unheilsame Handlungen unerwünschte Folgen und heilsame Handlungen erwünschte Folgen haben, statt Schilderungen dieser Art als exakte Beschreibungen des tatsächlichen Geschehens zu verstehen.

Ebenen karmischer Folgen

Wir haben bereits darauf hingewiesen, dass nicht alle Konsequenzen einer moralbestimmten Handlung *vipākas* sind. Eine Handlung kann alle möglichen Konsequenzen erzeugen, die sehr wenig mit der ethischen Haltung des Handelnden zu tun haben. Außerdem kann ein Karma ein ganzes Spektrum potenzieller Konsequenzen haben, die sich je nach gleichzeitiger Wirksamkeit anderer Bedingungen manifestieren mögen oder nicht. Im Sinne dieser Sichtweise können wir »direkte« und »indirektere« Resultate von Karmas unterscheiden.

Die direktesten Resultate eines Karmas sind mentaler Art. Mit anderen Worten: Durch die Erzeugung von Karmas (die letztendlich Intentionen sind), verändern wir unseren Geist und damit ganz allmählich auch unseren Charakter. Um dies eingehender zu beschreiben, müssen wir zum Konzept der *saṃskāras*, der psychischen Formkräfte oder Willensäußerungen, zurückkehren. Weil es keine ein für alle Male festgelegte Seele gibt, keinen persönlichen Wesenskern, sondern nur eine Anhäufung von Gewohnheiten und Tendenzen, identifizieren wir unser »Selbst« mit den dominierenden Gewohnheiten und Tendenzen. Wenn wir leicht wütend werden, halten wir uns für einen Menschen, der zu Wutanfällen neigt. Wenn wir oft sehr still sind, halten wir uns entsprechend für einen

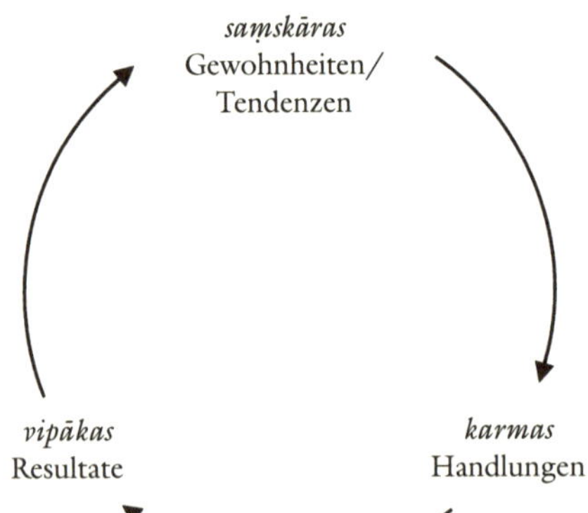

Abb. 2: Der Zyklus der Entstehung von Gewohnheiten

furchtsamen Menschen. So definieren wir uns im Sinne derjenigen unter unseren Charaktermerkmalen und Gewohnheiten, die uns als die stärksten erscheinen. Wir könnten sogar sagen, dass wir nichts weiter als eine Gewohnheit sind.

Nun ja, nicht so ganz. Weil Karma wesentlich etwas mit Entscheidungsoptionen zu tun hat, haben wir immer die Möglichkeit, uns gegen unsere Gewohnheiten zu entscheiden und an Weggabelungen eine andere Richtung einzuschlagen. Unsere karmische Tendenz kann uns dazu treiben, unsere gegenwärtigen Gewohnheiten zu verstärken, wenn wir dem nicht bewusst und absichtlich entgegenarbeiten (siehe Abb. 2). Deshalb ist es manchmal sehr schwierig, sich zu verändern. Das Gewicht unserer früheren Entscheidungen treibt uns in eine bestimmte Richtung, und es ist manchmal sehr anstrengend, sich dieser Tendenz zu widersetzen. Nun ist das genau das Arbeitsfeld des spirituellen Lebens: unsere Gewohnheitstendenzen zu erkennen, sich darüber klar zu werden, dass man sich ihnen widersetzen kann, und neu zu entscheiden, wer wir sein wollen. Wenn wir eine neue Entscheidung treffen, ermöglichen wir dadurch die Entstehung einer neuen Gewohnheit und letztendlich eines neuen Selbsts. So sehr wir auf ganz bestimmte Gewohnheiten fixiert sein mögen, so unheilsam unser Verhalten geworden sein mag, wir können uns immer verändern. Somit bringt der Buddhismus eine äußerst optimistische Vision der menschlichen Natur zum Ausdruck: Er gibt nie irgendjemanden auf, sondern erkennt an, dass selbst die übelsten Charaktere immer in der Lage sind, ihre Verfehlungen zu bereuen.

Unser früheres Karma hat nicht nur Implikationen für unseren Charakter, sondern beeinflusst auch die Art von Welt, in der wir leben, oder zumindest unsere Art, diese Welt zu erleben. Beispielsweise sieht ein Mensch, der viel Angst empfindet, die Welt als gefährlich und bedrohlich an, wohingegen sie jemandem, der großes Vertrauen hat, als sanft und entgegenkommend erscheint. Keine dieser Sichtweisen kann völlig »objektiv« sein, doch glauben wir meist, dass *unsere* Art, die Welt zu erleben, ihrer »wirklichen« Beschaffenheit am nächsten kommt. Im Grunde schaffen wir unsere Welt selbst und machen uns nicht klar, wie stark unsere eigenen Vorurteile, Wünsche und Gewohnheiten unser Erleben verzerren. Wir sehen die Welt in unserem Sinne. Zu unterscheiden lernen, was an unserem Erleben objektiv der Realität entspricht und was unserer Beurteilung zuzuschreiben ist, ist ein subtiler und äußerst schwieriger Prozess, der eine unablässige Verfeinerung der Bewusstheit und außerdem Ehrlichkeit und einfühlsame Aufmerksamkeit erfordert.

Doch unsere Handlungen haben auch Auswirkungen, die nicht uns selbst betreffen. Sie können die unterschiedlichsten Folgen für die physische Welt und für andere Menschen haben. Zwar entstehen auch diese teilweise in Abhängigkeit

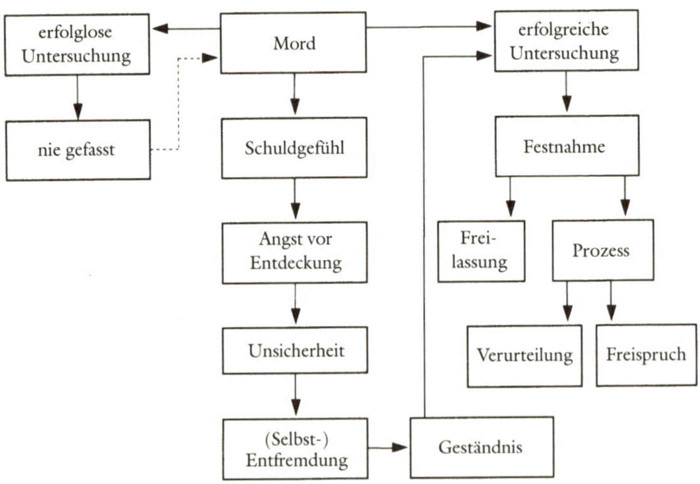

Abb. 3: Eine mögliche karmische Kette (vereinfachte Darstellung)

von der ursprünglichen Intention, doch wird ihr exaktes Resultat nicht durch diese bestimmt. Wenn beispielsweise Grün Blau ermordet, dann ist das unmittelbarste Resultat bei Grün wahrscheinlich die Angst, gefasst zu werden, vielleicht außerdem ein Gefühl, von der Gesellschaft isoliert zu sein, oder sogar ein Schuldgefühl. Schließlich ist Grün nun ein Mörder. Da es in unserer Gesellschaft Gesetze gibt, die Mord verbieten und bestrafen, kann ein weiteres Resultat der ursprünglichen Handlung sein, dass Grün festgenommen, vor Gericht gestellt und zu einer Strafe verurteilt wird. Je nachdem, wo er lebt, kann er sogar hingerichtet werden. Doch das muss nicht in jedem Fall geschehen, und selbst wenn es eintritt, ist dies nicht nur das Resultat von Grüns Karma. Beispielsweise könnte es der Polizei nicht gelingen, Hinweise auf den Täter zu verfolgen, den Mord aufzuklären und den Mörder zu fassen. Vielleicht macht die Staatsanwaltschaft bei der Prozessvorbereitung einen Fehler, und Grün wird auf Grund dessen freigelassen. Alle möglichen Bedingungen können wirksam werden und verhindern, dass Grün gefasst und verurteilt wird, und dafür muss der Grund nicht unbedingt sein, dass er in der Vergangenheit gute Karmas hervorgebracht hat. Die Welt ist einfach nicht ordentlich und sauber, sondern in ihr findet ein komplexes Zusammenwirken karmischer Strömungen und anderer nicht-karmischer Faktoren statt, die alle zusammen ein einzigartiges Szenario hervorbringen. Die Karmas der Polizisten wirken sich entscheidend auf das Resultat aus, und das Gleiche gilt für die Karmas der beteiligten Rechtsanwälte, Staatsanwälte, Richter und Geschworenen. Jemand kann zu Unrecht freigelassen oder sogar zu Unrecht verurteilt werden, und ob dies passiert oder nicht, sagt unter Umständen nicht das Geringste über die moralischen Implikationen der Tat wie auch der richterlichen Entscheidung aus.

Der soeben beschriebene Prozess wird in Abbildung 3 schematisch dargestellt. Wir sehen dort, dass die Kette der Konsequenzen an mehreren Punkten zum Stillstand kommen kann und dass das, was zur Fortsetzung dieser Kette führt, möglicherweise mehr mit den Handlungen anderer als mit der Tat des Initiators zu tun hat. Andererseits wäre die Kette ohne die ursprüngliche Tat gar nicht entstanden. Wenn sich ein ethisch verantwortlicher Mensch einen bestimmten Handlungsverlauf vergegenwärtigt, muss er sich also nicht nur mit dem aktuellen eigenen moralischen Zustand beschäftigen, sondern auch die möglichen Konsequenzen seines Verhaltens berücksichtigen. Dieser Akt der Vorstellung kann unseren Entscheidungen ein hohes moralisches Gewicht verleihen, weil uns unsere Handlungen andernfalls möglicherweise in der Zukunft verfolgen. Mit diesem Thema beschäftigt sich Thomas Hardys tragischer Roman *Der Bürgermeister von Casterbridge*[53]. Zu Beginn der Geschichte verkauft Henchard, ein armer Tagelöhner, seine Frau, um zu ein wenig Geld zu kommen. Dies ermöglicht es ihm, ein neues Leben zu beginnen. Schließlich wird er zu einem wichtigen Mann – dem Bürgermeister von Casterbridge. Das Schicksal ist ihm so lange günstig gesonnen, bis seine Frau wieder auftaucht und sein dunkles Geheimnis enthüllt wird, was letztendlich zu seinem Ruin führt.

Zwar haben unsere Handlungen manchmal Konsequenzen, die niemand hätte voraussehen können, doch können wir das wahrscheinliche Resultat in vielen Fällen voraussagen. Entscheidend ist, dass wir die Verantwortung für unseren Anteil an jeder Situation übernehmen.

Bekommen wir immer, was wir verdienen?

Im *Dhammapada* heißt es:

> Nicht im Himmel, nicht inmitten des Meeres und auch nicht in Felsspalten in den Bergen, (in der Tat) nirgendwo in der Welt gibt es einen Ort, an dem man frei von (den Konsequenzen von) üblen Taten verweilen kann.[54]

Nun scheinen viele Menschen üble Taten zu begehen und auf Grund dessen *nicht* zu leiden. Wie lässt sich dies unter Berücksichtigung der Lehre von Karma erklären? Ein anderes Sutta, das *Mahākammavibhaṅga* (»Größere Darlegung über Karma«)[55], bemüht sich um eine solche Erklärung. In ihm unterscheidet der Buddha vier Arten von Menschen: (1) solche, die unheilsam handeln und an einem ungünstigen Ort (möglicherweise in der Hölle) wiedergeboren werden; (2) solche, die unheilsam handeln und an einem günstigen Ort (möglicherweise sogar im Himmel) wiedergeboren werden; (3) solche, die heilsam handeln und an einem günstigen Ort (möglicherweise im Himmel) wiedergeboren werden; und (4) solche, die heilsam handeln und an einem ungünstigen Ort (möglicherweise sogar in der Hölle) wiedergeboren werden.

Um das Problem, um das es hier geht, zu verstehen, brauchen wir das Prinzip der Wiedergeburt nicht unbedingt zu akzeptieren. Man könnte das Gesagte etwa wie folgt umformulieren: (1) Menschen, die etwas Übles tun und die später zu leiden scheinen; (2) Menschen, die etwas Übles tun und denen später ein gutes Leben vergönnt zu sein scheint; (3) Menschen, die gut handeln und die später ein gutes Leben zu genießen scheinen; und (4) Menschen, die gut handeln und die später zu leiden scheinen.

Es geht hier letztendlich um die Frage, wie es sein kann, dass jemand heilsam oder gut handelt und dann trotzdem leidet (was im Extremfall sogar bedeuten kann, dass er in der Hölle wiedergeboren wird), und umgekehrt, wie jemand, der etwas Übles tut, später trotzdem belohnt werden kann (und möglicherweise sogar im Himmel wiedergeboren wird). Diese Resultate scheinen dem Prinzip des *Karmas* zu widersprechen: der Behauptung, dass Handlungen angemessene Konsequenzen hervorbringen. So ist es nicht, sagt der Buddha. Es wäre ein Fehler, zu diesem Schluss zu kommen, ohne dass man sich eingehender mit der Sache auseinander gesetzt hat. Der Buddha weist außerdem darauf hin, dass der Übeltäter, der in den Himmel gelangt, irgendwann heilsam gehandelt haben muss, dass er jedoch zu irgendeinem Zeitpunkt in der Zukunft mit den Konsequenzen seiner üblen Taten konfrontiert werden wird. Ebenso muss ein Mensch, der gut gehandelt hat und trotzdem in die Hölle gelangt, irgendwann in der Vergangenheit übel gehandelt haben, und er wird in der Zukunft die positiven Konsequenzen der guten Taten ernten, die er in seinem gegenwärtigen Leben begangen hat.

Dieses Sutta ist deshalb ungeheuer wichtig, weil es ein Bewusstsein des scheinbaren Widerspruchs zwischen dem, was wir manchmal um uns her sehen – und sogar selbst erleben –, und der *Karma*-Lehre erkennen lässt. Menschen, die heilsam handeln, leiden manchmal, und Menschen, die unheilsam handeln, leiden manchmal nicht. Zwischen Karma und *vipāka* besteht keine simple lineare Beziehung. Die genaue Verbindung zwischen einem bestimmten Karma und seiner *vipāka* werden wir möglicherweise nicht erkennen, es sei denn, es handelt sich um ein sehr gewichtiges Karma. Unser augenblickliches Erleben wird von unseren früheren Handlungen bestimmt, doch *wie* diese Handlungen unsere

Gegenwart beeinflussen, können wir vielfach nicht erkennen, weil die aus jedem einzelnen Karma resultierende *vipāka* oft sehr subtil ist. Es ist eher wie beim Backen eines Kuchens: Wir rühren alle möglichen Zutaten zusammen und stellen das Ganze in den Ofen; beim Kosten des fertigen Gebäcks können wir dann nicht mehr alle Zutaten einzeln herausschmecken. Ebenso hat unser Leben einen bestimmten Geschmack, je nachdem, welche Zutaten (frühere Karmas) wir ihm zugefügt haben. Nun isolieren wir hier zu Erklärungszwecken zwar eine bestimmte Handlung und ihre Konsequenzen, doch erleben wir das Geschehen normalerweise nicht so. Statt uns eine Eins-zu-eins-Entsprechung zwischen einem bestimmten Karma und seiner *vipāka* vorzustellen, können wir auch die Vorstellung einer allgemeinen karmischen Tendenz entwickeln, die durch einen riesigen Cluster von Handlungen in Bewegung gesetzt wurde.

Doch die Verteidigung des *Karmas*, die im *Mahākammavibhaṅga Sutta* dem Buddha zugeschrieben wird, erfüllt nur dann vollständig ihren Zweck, wenn wir die Idee der Wiedergeburt akzeptieren. Nehmen wir beispielsweise an, jemand tut sein Leben lang Übles, scheint jedoch auf Grund dessen nicht zu leiden. Er wird nicht durch ein Feuer, das vom Himmel fällt, vernichtet; er verliert seine Verwandten nicht; er verarmt nicht; und er wird auch nicht auf irgendeine Weise verfolgt.[56] Ohne die Aussicht auf eine Wiedergeburt in einem der unerwünschten Bereiche *(duggati)* muss der Eindruck entstehen, dass solche Menschen mit ihrem bösen Tun ungestraft davonkommen. Für Verfechter herkömmlicher Moralvorstellungen gibt es kaum etwas Abstoßenderes, als dies miterleben zu müssen, und es kann auf sie sehr deprimierend wirken. Nehmen wir an, ich handle mein ganzes Leben lang sehr moralisch und werde trotzdem von allen möglichen Leiden, Unglücksfällen und Schwierigkeiten heimgesucht, wogegen mein böser Nachbar ein unbeschwertes Leben zu führen scheint. Solch eine Situation erscheint uns als absolut ungerecht und unnatürlich. Weshalb sollte man sich, wenn so etwas möglich ist, überhaupt noch die Mühe machen, sich ethisch zu verhalten? Wenn ich mich mit der Aussicht trösten kann, dass der böse Nachbar auf Grund seines Verhaltens in der Hölle schmoren wird und ich schon bald im Himmel sein werde, kann mich dies vielleicht dazu bringen, die gegenwärtige Ungerechtigkeit zu ertragen. Doch wenn wir die Wiedergeburt nicht akzeptieren – und viele Menschen der westlichen Welt tun das nicht –, entzieht das beschriebene Szenario dann nicht jedem Bemühen um eine ethisch akzeptable Lebensweise die Grundlage?

Nicht unbedingt. Die soeben beschriebene Art zu denken ist ziemlich beschränkt, weil sie nach spezifischen Belohnungen für gute Taten und nach Bestrafungen für böse Ausschau hält. Doch das geht am Wesentlichen vorbei. Die Maxime, dass Tugend ihren Lohn in sich selbst findet, mag zwar etwas abgeschmackt klingen, aber sie trifft trotzdem zu. Wir sollten unser ethisches Verhalten nicht wie einen Handel oder eine Investition verstehen, sondern, wenn wir über unsere eigenen Bedürfnisse und Wünsche hinaus und auf jemand anderen zugehen, uns bemühen, uns zumindest einen Augenblick lang selbst zu vergessen. Dieses Selbstvergessen kann auf Menschen, die in einer an Besessenheit grenzenden Weise ständig mit sich selbst beschäftigt sind, ungeheuer entlastend und sogar befreiend wirken.

Durch unser moralisch positives Verhalten tun wir nicht nur anderen Menschen Gutes, sondern transformieren auch uns selbst. Die Entscheidungen, die wir in jedem Augenblick treffen, formen unseren Charakter. Wenn wir immer im Sinne unserer besten Motivation handeln, entwickeln wir ein reines Gewissen, und das ist vielleicht eine der höchsten Gnaden, die zu erlangen wir hoffen können. Das Gefühl, das viele bedrückt, sich durch Fehlverhalten schuldig gemacht zu haben, nimmt Menschen die Lebensfreude und kann sie sogar in den Wahnsinn treiben. So wie Wasser Eisen zerfrisst, schädigen unsere üblen Taten unsere Vitalität und zerstören sie am Ende völlig.[57] Wenn ein Übeltäter nicht sichtbar bestraft wird, so kann er trotzdem auf Grund seiner Taten leiden.

Dennoch scheint es Menschen zu geben, die unter ihrem schädigenden Verhalten nicht einmal psychisch leiden. Stellen die Betreffenden nicht die Idee des *Karmas* infrage? In diesem Zusammenhang möchte ich eine etwas ungewöhnliche Sicht dessen, was Leiden ist, beschreiben. Es mag zutreffen, dass solche Menschen nicht bewusst leiden – sie empfinden keine Reue oder fühlen sich nicht schuldig wegen ihrer Taten und scheinen sich ihres Lebens zu erfreuen. Doch sind diejenigen, die gegenüber dem Übel, das sie verursachen, unempfindlich sind, im gleichen Maße, wie dies der Fall ist, unmenschlich. Sie sind von der Welt der gewöhnlichen Menschen sowie von ihrem eigenen spirituellen Potenzial abgeschnitten und zu einer erbärmlichen Existenz verdammt. Sie vermögen in diesem Zustand nicht mehr zu fühlen, denn wenn sie tief fühlen könnten, würden sie das Böse erkennen, das von ihnen selbst ausgeht. Auch diese Gefühlsarmut ist eine Form von Leiden.

Dazu möchte ich einen Vergleich anführen. In den letzten Jahren hat sich innerhalb der christlichen Kirchen die Tendenz entwickelt, die Hölle als Abwesenheit Gottes zu definieren. An diesen Gedanken anknüpfend könnten wir sagen, zumindest eine Form des Leidens bestehe darin, dass Menschen von tiefem Mitgefühl gegenüber anderen menschlichen Wesen und von ihren spirituellen Möglichkeiten abgeschnitten sind. Mit anderen Worten: Einschränkungen der Empfindungsfähigkeit sind schon an und für sich eine Form des Leidens, auch wenn sie nicht bewusst so empfunden werden mögen.

Vielleicht können wir akzeptieren, dass andere Menschen Tugend nicht immer belohnen; und vielleicht akzeptieren wir sogar, dass Böses nicht immer bestraft wird; aber wie steht es, wenn Tugend bestraft zu werden scheint? Dies müsste der *Karma*-Idee eigentlich den Todesstoß versetzen. Es ist eine bedauerliche Tatsache, dass viele nach ethischen Grundsätzen handelnde Menschen und sogar Heilige schrecklich leiden, weil andere sie peinigen. Würde *Karma* tatsächlich existieren, dürfte das eigentlich nicht so sein. Natürlich könnten wir vermuten, dass die Betreffenden wegen ihres üblen Verhaltens in früheren Leben leiden; doch setzt das den Glauben an die Wiedergeburt voraus, den viele Menschen nicht mit ihrem intuitiven Empfinden vereinbaren können. Kann man trotzdem an die Wirkung des *Karmas* glauben, und lässt sich die Verfolgung von Heiligen damit vereinbaren?

Ich meine ja. Bei Darstellungen des *Karmas* wird gewöhnlich nicht berücksichtigt, dass wir in der Welt zusammen mit anderen Menschen leben, die selbst Entscheidungen treffen, ihren Gewohnheiten entsprechend handeln und ihren karmischen Tendenzen auf unterschiedlichste Weisen folgen. Sie beeinflussen unser Leben. Die Welt, in der wir leben, ist nicht so beschaffen, dass wir ungestört handeln und dann die Folgen unserer Handlungen erleben. Vielmehr ist unsere Welt vom wirbelnden Tanz aufeinander einwirkender karmischer Ströme geprägt. Andere Menschen beeinflussen unser Leben, und wir beeinflussen das ihre. Dass wir nicht in einem Kokon leben, der uns von den Auswirkungen des Verhaltens anderer abschirmt, ermöglicht ungerechtfertigtes Leiden. Wenn wir unter den Aktivitäten eines Übeltäters leiden, müssen wir nicht unbedingt selbst in einem früheren (oder sogar im derzeitigen) Leben unheilsam gehandelt haben, sondern dies ist nichts weiter als eine der Gefahren, denen man in einer Welt, in der Übeltäter leben, ausgesetzt ist. Ein Mensch, der Übles im Sinn hat, kann uns sogar gerade *wegen* unserer moralischen Integrität schädigen wollen. Dies zu akzeptieren, ist manchmal schwer. Im Allgemeinen suchen wir nach einer Erklärung oder sogar nach einer Rechtfertigung dafür, dass wir leiden, und die Möglichkeit, dass dies rein zufällig geschehen könnte, ist für die Betroffenen ein schwacher Trost. Es gibt aber Ereignisse, die sich auf andere Weise kaum erklären lassen, beispielsweise Naturkatastrophen oder die Gräueltaten psychopathischer Mörder.

Da wir andererseits zur Entstehung solcher Situationen gewöhnlich das Unsrige beitragen, müssen wir für diesen eigenen Anteil die Verantwortung übernehmen. Beispielsweise wurde der Journalist Brian Keenan im Libanon gekidnappt und mehrere Jahre lang unter entsetzlichen Umständen als Geisel festgehalten.[58] Er hatte dieses Leiden sicherlich nicht unbedingt »verdient«, und es muss auch keine Strafe für früheres unheilsames Verhalten gewesen sein, doch hat er zu seinem Los zweifellos insofern beigetragen, als er sich aus freien Stücken entschloss, in einer Zeit in den Libanon zu reisen, in der, wie er wusste, Besucher aus westlichen Ländern dort häufig gekidnappt wurden. Keenan hatte also bei dem, was geschah, selbst eine Rolle gespielt; er selbst war eine der Bedingungen, die zu seiner Gefangennahme führten; doch war dies keine Wirkung seines Karmas. Die skrupellosen Terroristen, die ihn gefangen nahmen, trugen dazu ebenfalls ihren Teil bei.

Die Verknüpfung unseres karmischen Stroms mit den karmischen Tendenzen anderer Menschen wird auf brillante Weise in J.B. Priestleys Theaterstück *An Inspector Calls*[55] beschrieben. Ein Inspektor namens Goole taucht unerwartet beim festlichen Abendessen einer Familie auf und verkündet, eine junge schwangere Frau, Eva Smith, sei soeben im Krankenhaus verstorben, nachdem sie ein Desinfektionsmittel getrunken habe. Da die Anwesenden schon ziemlich betrunken sind, verstehen sie zunächst nicht, was all das mit ihnen zu tun haben soll. Doch dann zeigt Goole in einer Folge von Beweisschritten, wie jedes Familienmitglied zum Selbstmord Evas beigetragen hat. Birling, der Vater, ihr ehemaliger Arbeitgeber, hatte sie entlassen, weil sie ihn um eine Lohnerhöhung gebeten hatte. Sheila, Birlings Tochter, hatte Eva später um ihre Stelle in einem Textilgeschäft gebracht, weil sie angeblich über die Kundin gelacht hatte, während diese ein Kleid anprobierte. Dann hatte Gerald, Sheilas Verlobter, mit Eva eine Liebesbeziehung begonnen und sie nach einiger Zeit wieder verlassen. Birlings Sohn Eric, der eines Abends im betrunkenen Zustand über Eva hergefallen war, hatte sie bei diesem Anlass geschwängert und sie dann im Stich gelassen. Und Birlings Frau Sybil hatte sich geweigert, Eva zu helfen, als sie bei der Wohltätigkeitsorganisation, für die Sybil arbeitete, um Hilfe ersucht hatte.

Die gesamte Familie ist also auf irgendeine Weise an der Tragödie beteiligt. Eine der Fragen, die zu stellen dieses Theaterstück anregt, lautet: Wer ist verantwortlich? Die Familie zerfällt in eine Gruppe, die die Konsequenzen ihres eigenen Verhaltens sieht und auf Grund dessen ein moralisches Erwachen erlebt (zu ihr gehören Sheila, Eric und anfangs auch Gerald), und eine Gruppe, die sich weigert, irgendeine moralische Verantwortung für das Geschehene zu übernehmen (Birling, seine Frau und später Gerald). Natürlich hat die junge Frau selbst sich entschieden, sich umzubringen; doch hatte das Verhalten der einzelnen Familienmitglieder sicherlich einen starken Einfluss darauf, dass Eva den Punkt erreichte, an dem sie die fatale Entscheidung traf.

Sheila und Eric gewinnen einen tiefen Einblick in die tatsächlichen Zusammenhänge der Situation und erleben auf Grund dieser Bewusstwerdung eine moralische Transformation. Ihnen wird klar, wie durch ihr Verhalten wichtige Verbindungsglieder in einer Kette entstanden, deren Ende eine schreckliche Tragödie bildete. Die anderen Anwesenden versuchen, sich ihrer Verantwortung zu entziehen. Goole schließt sein Verhör mit folgenden Worten ab:

> Bedenken Sie Folgendes. Eine Eva Smith ist von uns gegangen, aber es gibt immer noch Millionen und Abermillionen von Eva Smiths und John Smiths unter uns, mit ihrem Leben, ihren Hoffnungen und Ängsten, ihrem Leiden und ihrer Chance, glücklich zu sein, und sie alle sind mit unserem Leben, mit dem, was wir denken und sagen und tun, untrennbar verbunden. Wir leben nicht allein. Wir sind Glieder eines Körpers. Wir sind füreinander verantwortlich.[60]

Nachdem Goole gegangen ist, wird angezweifelt, ob er ein echter Polizeiinspektor war. Birling ruft bei der Polizei an und hört, dass ein Inspektor dieses Namens dort nicht bekannt ist. Dadurch gelangt er ebenso wie seine Frau und Gerald zu der Überzeugung, dass die ganze Angelegenheit ein Betrug war: Es gab keinen Selbstmord, und das Krankenhaus bestätigt dies. Sie fangen an, den gesamten Vorfall als einen riesigen makabren Witz zu verstehen. Sheila jedoch kann das nicht:

> Aber ihr vergesst etwas, das ich nicht vergessen kann. Alles, was, wie wir selbst bestätigt haben, geschehen ist, ist wirklich geschehen. Wenn es nicht zu einem tragischen Ende geführt hat, können wir uns glücklich schätzen. Es hätte auch tragisch ausgehen können.[61]

Das Stück endet damit, dass Herr Birling einen Anruf von der Polizei erhält. Ihm wird mitgeteilt, dass eine junge Frau auf dem Weg zum Krankenhaus gestorben sei, nachdem sie ein Desinfektionsmittel getrunken habe …

Selbst wenn das Resultat kein Selbstmord gewesen wäre, bleibt die Tatsache, dass alle Mitglieder der Familie unheilsam gehandelt hatten und dass der »fiktive« Selbstmord für sie alle eine Möglichkeit beinhaltete, moralische Verantwortung für ihr Tun zu übernehmen. Dies ist ein Gedankenexperiment, das wir nutzen können, um uns mit unseren eigenen ethischen Problemen auseinander zu setzen. Indem wir die potenziellen Konsequenzen unserer beabsichtigten Handlungen prognostizieren, sind wir besser in der Lage, eine möglichst kreative Entscheidung zu treffen. Wenn wir unheilsam handeln, müssen wir deshalb nicht unbedingt für alles, was sich daraus ergibt, verantwortlich sein; wir sollten uns jedoch zumindest darüber im Klaren sein, dass wir zu einer Folge von Ereignissen ein wichtiges Bindeglied beigetragen haben, das zu einer Tragödie wie derjenigen in Priestleys Schauspiel führen könnte. Dies ist eine sehr ernüchternde Erkenntnis.

6

DAS »EHERNE GESETZ« BEUGEN

Karma wird manchmal als Prinzip der Vergeltung beschrieben, als ein unpersönlicher kosmischer Richter, der unparteiisch die Bösen bestraft und die Rechtschaffenen belohnt. Wenn wir Böses tun, müssen wir leiden; wenn wir heilsam handeln, wird es uns gut gehen. Und nicht nur das, sondern darüber hinaus »entspricht die Bestrafung dem Verbrechen«: Wenn wir anderen etwas stehlen, werden wir selbst bestohlen werden, und dergleichen. Wir haben bereits gesehen, dass dies in Wahrheit auch völlig anders sein kann, und die Konsequenzen unserer Karmas hängen von einer Anzahl von Faktoren ab, von denen einige kaum etwas oder nichts mit unserer ethischen Einstellung zu tun haben.

Jedes spezifische Karma kann ein ganzes Spektrum von Resultaten hervorbringen, und nur wenige von diesen treten mit Sicherheit ein. Wie alles im Universum hängen auch die Konsequenzen unserer Handlungen von Bedingungen ab; ohne die Bedingungen, aus denen sich die Konsequenzen ergeben, würden letztere nicht zu Stande kommen. Auch wenn es uns als natürliche Gerechtigkeit erscheinen mag, dass unheilsamem Verhalten Leiden folgt, ist dies nicht immer der

Fall. Welche anderen Faktoren könnten also das Wirken des »ehernen Gesetzes« – des Gesetzes des Karmas – beeinflussen? Und ist es möglich, diese Wirkung zu brechen oder sogar zu überwinden?

Karmische Früchte werden durch unsere allgemeine ethische Verfassung bedingt

Dass *Karma* ein organisches – im Gegensatz zu einem mechanischen – Prinzip ist, veranschaulicht ein Sutta mit Namen *Lonaphala* (»Salzkristall«).[62] Darin heißt es, unsere *vipākas* hingen zumindest teilweise von unserer allgemeinen ethischen Verfassung ab, und zwar so, dass zwei Menschen das Gleiche tun können und ihr Tun doch unterschiedliche Konsequenzen hervorbringt. Der Buddha sagt: »Stellt euch vor, jemand, der sich nicht um seine spirituelle Entwicklung kümmert, der unaufmerksam und nachlässig ist, begeht eine unbedeutende unheilsame Tat. Diese kann den Betreffenden nach dem Tode in die Hölle bringen. Und nun stellt euch einen zweiten Menschen vor, der sich um seine spirituelle Entwicklung bemüht, der wachsam und verständnisvoll ist, eine große Seele *(mahatta)*, und dieser begeht eine ähnlich unbedeutende unheilsame Tat. Sie mag für den Betreffenden Konsequenzen in diesem Leben haben, doch die werden zum Zeitpunkt seiner Wiedergeburt völlig erschöpft sein.« Wie ist das möglich?

Der Buddha erklärt dies anhand eines Vergleichs. Er sagt: »Angenommen, ein Mann lässt ein Salzkristall in einen kleinen Becher mit Wasser fallen. Würde das Wasser salzig und untrinkbar werden?« Seine Anhänger antworten: »Ja, natürlich.« Daraufhin fährt der Buddha fort: »Nehmen wir nun an, ein Mann würde ein Salzkristall in den Ganges werfen: Würde auch dessen Wasser salzig und untrinkbar?« Die Anhänger antworten: »Sicher nicht, Herr.« Daraufhin schließt der Buddha: »Ebenso kann eine geringfügige unheilsame Handlung einen Weltling in die Hölle bringen, während sie, wenn ein spiritueller Mensch sie begeht, noch in diesem Leben völlig gesühnt werden kann.«

So wie Licht in unterschiedlichen Farben erscheint, wenn man es durch farbige Filter sieht, werden die exakten *vipākas*, die wir erleben, durch unsere allgemeine ethische Verfassung vermittelt. In diesem Sinne hat die Entfaltung der Wirkung von *vipākas* einen *subjektiven* Aspekt. Auf Grund seiner erhöhten ethischen Sensibilität ist der spirituell Übende in der Lage, sich zum Besseren zu verändern, eine Chance, die weniger hoch entwickelte Menschen nicht haben. Auf Grund seines verfeinerten Gewahrseins vermag er sein unheilsames Verhalten selbst zu erkennen, und folglich kann er sich damit auseinander setzen und es transformieren. Weltlinge *(puthujjanas)* hingegen erkennen ihr unheilsames Verhalten nicht als unheilsam, und deshalb wirken die Früchte, die sie ernten, in stärkerem Maße konditionierend auf sie, weil ihnen die unzuträgliche Wirkung ihrer Handlungen auf ihren Charakter nicht klar ist. Deshalb verstärken sie ihr unheilsames Tun wahrscheinlich eher, als dass sie es korrigieren.

Gewissen und *vipāka*

Ironischerweise kann ein Mensch mit einem ruhigen Gewissen wegen eines geringfügigen unheilsamen Verhaltens (auf Grund seiner Reue) stärker leiden als ein gewissenloser Mensch, der auf eine sehr unheilsame Weise handelt. Nun wird der Übeltäter zwar gemäß der traditionellen buddhistischen Lehre in einem zukünftigen Leben leiden, doch ist das nur für diejenigen tröstlich, die an die Wiedergeburt glauben.

Demnach kann unser Leiden *stärker werden*, wenn wir in unserer spirituellen Entwicklung Fortschritte machen. Das ist so, weil wir durch ethische Schulung unser *Gewissen* kultivieren. Als Gewissen bezeichnen wir unsere Fähigkeit, ethisch auf Ereignisse zu reagieren und moralische Urteile zu entwickeln. In traditionellen buddhistischen Begriffen ausgedrückt umfasst diese Fähigkeit *hiri* (persönliches Schamgefühl) und *ottappa* (moralische Aufgeschlossenheit für das Urteil der Weisen). Diese beiden Prinzipien, die zusammen unter dem Sammelbegriff »lichte Dinge« (genauer: »helle Suchscheinwerfer«) bekannt sind, ermöglichen uns, zwischen Gut und Böse zu unterscheiden. *Hiri* können wir als unser persönliches Gewissen verstehen; wenn wir im Begriff sind, auf eine, unseren grundlegenden ethischen Wertvorstellungen widersprechende

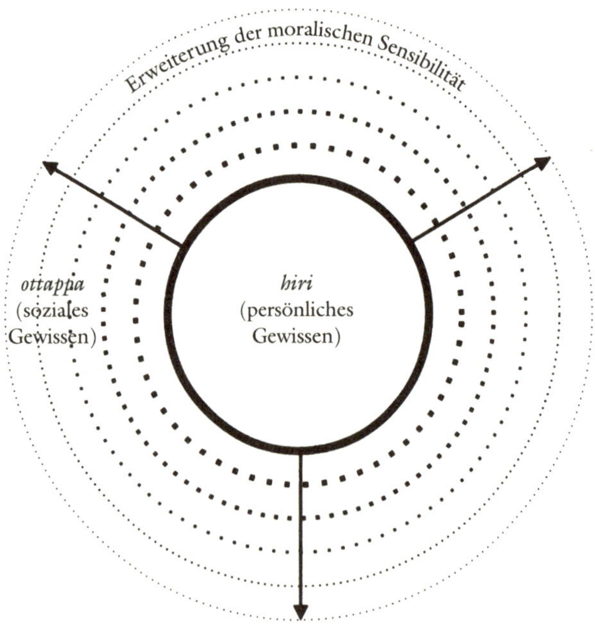

Abb. 4: Das sich ausdehnende Gewissen

Weise zu handeln, tritt *hiri* in Funktion und sagt: »Tu' das nicht! Es widerspricht dem, was dir wichtig ist.« Vermag *hiri* uns beispielsweise nicht daran zu hindern, dass wir unsere ethisch fragwürdigen Impulse ausleben, manifestiert es sich später häufig in Form eines Gefühls der Reue, als ein Erkennen dessen, dass wir uns in moralischer Hinsicht selbst enttäuscht haben.

Ottappa ist eher unser soziales Gewissen, wie es sich insbesondere in der Beziehung zu jemandem manifestiert, der Tugend verkörpert. *Ottappa* tritt in Erscheinung, wenn wir uns vorstellen, was ein tugendhafter Freund oder Lehrer über unser Verhalten denken würde. Dadurch beziehen wir die höhere ethische Perspektive jenes Anderen in unsere Entscheidungsfindung ein und erweitern so unser moralisches Gewahrsein. Somit unterstützt *ottappa hiri*; wenn es *hiri* nicht gelingt, uns dazu zu bringen, dass wir uns eines anderen besinnen, gelingt dies möglicherweise *ottappa*. Man könnte *ottappa* (siehe hierzu Abb. 4) folglich mit einem Schutzengel vergleichen, der auf unserer Schulter sitzt und eingreift, wenn er sieht, dass wir eine schädliche Handlung in Erwägung ziehen. *Ottappa* meldet sich jedoch nicht automatisch zu Wort, denn letztendlich ist diese Instanz eine Schöpfung unseres eigenen Geistes. Gebrauch von ihr zu machen, erfordert eine gut entwickelte Vorstellungskraft, die wiederum ein gewisses Maß an Bewusstheit voraussetzt. Wir müssen uns vorstellen können, was unser ethischer Mentor zu der Handlung, die wir ausführen wollen, sagen würde, und wir müssen moralisch sensibel dafür sein. Vielleicht müssen wir den Mentor auch als Stimme in unserem Kopf hören und die Enttäuschung spüren, die er empfände, wenn wir unsere Absicht in die Tat umsetzen würden.

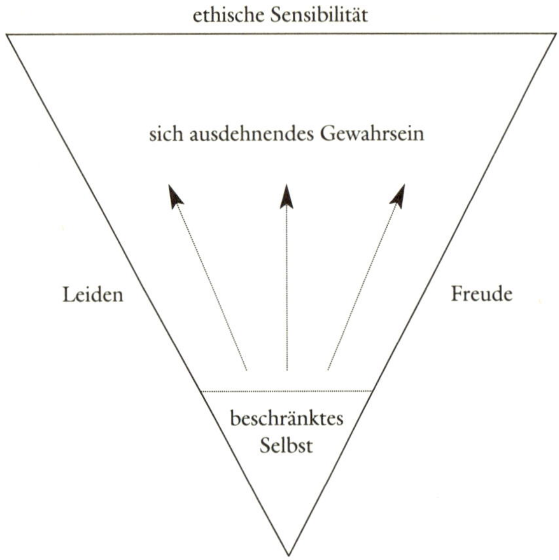

Abb. 5: Das sich ausdehnende Band des Gewahrseins

Wenn wir *hiri* allmählich stärker erleben, werden wir ethisch sensibler, wir erweitern unser Gewahrsein und vermögen auf Grund dessen unsere moralischen Verfehlungen deutlicher zu sehen. Wir empfinden dann *mehr* Scham und Reue, weil wir für unsere unheilsamen Handlungen sensibler werden. *Hiri* und *ottappa* intensiver zu empfinden, ist schmerzhaft. Paradoxerweise kann der Eindruck entstehen, dass ethisch sensible Menschen stärker leiden als diejenigen, die es mit dem ethischen Verhalten nicht so genau nehmen. Andererseits sollen *hiri* und *ottappa* heilsame Emotionen sein. Ist das nicht widersprüchlich? Eine Möglichkeit, mit dieser Schwierigkeit fertig zu werden, besteht darin, sich das menschliche Erleben als »Band des Gewahrseins« (siehe Abb. 5) vorzustellen. Bei einem nicht besonders entwickelten Menschen ist dieses Band ziemlich schmal: Die Fähigkeit des Betreffenden, Leiden, Reue oder moralische Verantwortung zu empfinden, ist nicht besonders groß, aber er erlebt auch nicht viel Freude, Großzügigkeit oder Mitgefühl. Vorstellungskraft und Gewahrsein solcher Menschen sind nicht so stark entwickelt, dass sie die Implikationen ihrer Handlungen verstehen können. Weil ihnen diese Voraussetzung fehlt, empfinden sie keine Reue, und folglich leiden sie auch nicht unter ihrem eigenen unheilsamen Verhalten (was nicht bedeutet, dass dieses keine Wirkung auf sie hat).

Ethisch sensible Menschen hingegen sind in der Lage, gegenüber jenen, die unter ihren unheilsamen Taten leiden, Empathie zu empfinden, und dies bringt sie auch dazu, Reue zu entwickeln. Weil Leiden Vorstellungskraft erfordert, wird unsere Fähigkeit zu leiden – und das Leiden anderer zu spüren – erweitert, wenn sich unsere Vorstellungsfähigkeit entwickelt. Dies mag deprimierend klingen, doch die Rückseite der Medaille ist, dass in dem Maße, wie wir lernen, in einer weiteren emotionalen Welt zu leben – in einer Welt, in der wir uns in stärkerem Maße mit anderen Menschen verbunden fühlen –, auch unsere Fähigkeit zunimmt, Freude, Lust und Sinnhaftigkeit zu empfinden. Unsere »Belohnung« für heilsames Verhalten ist nicht unbedingt Glück oder Freude, sondern eine »größere Seele«. Durch das Wachsen unserer Vorstellungskraft wird unsere Sicht unseres eigenen Lebens erweitert, und das ermöglicht uns, dieses Leben bewusst zu steuern, statt uns von den Umständen hierhin und dorthin treiben zu lassen.

Auch ein unheilsam handelnder Mensch kann sich moralisch weiterentwickeln. Tut er dies, werden ihm die Implikationen seiner unheilsamen Handlungen klarer. Er fängt an, Reue zu empfinden und verspürt sogar das Bedürfnis, seine Tat zu bekennen und sich zu entschuldigen, und auf diese Weise wächst er allmählich über seine vorherige, schädigende Haltung hinaus. Dies kann ein schmerzlicher Prozess sein.

Selbst wenn wir nicht von der Welt »bestraft« werden, kann unser Gewissen uns wegen unserer Übeltaten peinigen. Um nicht durch unsere Skrupel behindert zu werden, sind wir häufig gezwungen, unser Gewahrsein absichtlich einzuschränken – Teile unseres Erlebens zu ignorieren –, denn würde unser Gewahrsein alles erfassen, erschienen auch unsere unheilsamen Taten in seinem Licht. Wenn wir also weiterhin vermeiden, die Verantwortung für unser eigenes unzuträgliches Verhalten auf uns zu nehmen, leben wir in einer halben Welt, in der wir nicht völlig lebendig, bewusst und wir selbst sind. Außerdem kann, wenn wir unheilsame Handlungen begangen haben, die Last unseres dunklen Geheimnisses sehr drückend sein und uns von anderen menschlichen Wesen trennen. Uns ist klar, dass sie, wenn sie wüssten, was wir getan haben, uns gegenüber anders empfänden und sie uns möglicherweise sogar meiden würden. Dies erzeugt in uns eine starke Unsicherheit. Wir möchten nicht, dass unser Geheimnis ans Licht kommt, denn dadurch könnte das Leben, das wir aufzubauen versuchen, zerstört werden.

Der Fall des Donald Crowhurst, der 1968–1969 an einer Regatta für Einhand-Segler teilnahm, veranschaulicht dies.[61] Als er wegen technischer Probleme zurückfiel, fing er an, die Aufzeichnungen in seinem Logbuch so zu fälschen, dass der Anschein entstand, er habe wesentlich besser abgeschnitten, als es tatsächlich der Fall war. Er entdeckte eine Möglichkeit des Betrugs, die ihm am Ende einen respektablen Wertungsplatz verschaffen würde. Eine Zeit lang sah es so aus, als würde sein Plan gelingen. Er hatte wegen seiner Unehrlichkeit kaum Gewissensbisse, bis ihm schließlich klar wurde, dass er den Wettkampf durch seine Täuschung sogar gewinnen würde. Kurz vor Erreichen der Ziellinie stürzte er sich ins Meer. Offenbar sah er sich weder in der Lage, die logische

Folge seiner Täuschung zu ertragen, noch vermochte er die Täuschung zuzugeben.

Manche Menschen entwickeln zeitlebens nur ein rudimentäres Gewahrsein ihrer eigenen moralischen Verfassung, und sie laufen nie Gefahr, zu leiden, weil ihnen ihre eigenen Übeltaten bewusst werden. Sie befinden sich in einem Zustand ethischer und existenzieller Taubheit. Weil ihre Vorstellungskraft nur schwach entwickelt ist, leiden sie möglicherweise nicht sehr unter ihrem Befinden, doch sind sie deshalb keineswegs frei von Karma und *vipāka*. Sie *sind* die Frucht ihres früheren Handelns; es hat ihren Charakter, ihre Gewohnheiten und ihre Welt geformt. Außerdem hat ihr Verhalten Einfluss auf andere Menschen, was wiederum deren Verhalten ihnen gegenüber prägt. Nun mag es zwar gewisse Vorteile haben, über wenig Gewahrsein zu verfügen, doch müssen wir dafür andererseits einen hohen Preis zahlen: Wir müssen darauf verzichten, unseren eigenen Charakter zu verstehen, zu begreifen, wie wir geworden sind, was wir jetzt sind, sowie darauf, Möglichkeiten zu entdecken, dies zu verändern. Selbstgewahrsein kann ein Segen oder ein Fluch sein – ein Segen, weil es die Selbsttransformation ermöglicht, und ein Fluch, weil wir dann die Aufforderung, unser Leben zu verändern, nicht mehr ignorieren können.

Die Übertragung von Verdienst

Eine weitere für den Buddhismus wichtige Frage lautet: Können die Handlungen *anderer* unser *karma-vipāka* verändern? Diese Frage lädt uns dazu ein, uns mit der Lehre von der Übertragung von Verdienst zu beschäftigen. In diesem Punkt ist sich die buddhistische Überlieferung uneins. Im *Pacchābhūmaka Sutta*[64] heißt es, ein Dorfältester sei zum Buddha gekommen und habe ihm gesagt, die Brahmanen der westlichen Länder würden behaupten, sie könnten die Seele eines Toten evozieren, unterweisen und schließlich zum Himmel schicken. Der Dorfälteste fährt fort: »Aber ich weiß, o Gesegneter, du vermagst zu bewirken, dass nach dem Tode die ganze Welt an einem glücklichen Ort oder sogar im Himmel wieder auftauchen wird.«

Der Buddha antwortet mit einem Vergleich. Er sagt: »Angenommen, ein Mann würde einen riesigen Felsen in einen tiefen See werfen, und um den See würde sich eine riesige Menschenmenge versammeln, um zu beten und den See zu umschreiten, und die Versammelten würden rufen: ›Erhebe dich, o Fels! Erhebe dich, und schwimme zum Ufer!‹ Würde sich der Fels dann auf Grund der Gebete und Bitten an die Wasseroberfläche erheben und zum Ufer treiben?«

»Nein«, antwortet der Dorfälteste, »natürlich nicht.« Daraufhin erklärt der Buddha, ebenso wenig könne ein Mensch durch die Gebete und Bitten anderer von den Konsequenzen seiner unheilsamen Handlungen erlöst werden.

Dieses Sutta widerspricht der orthodoxen brahmanischen Überzeugung, ein Sohn könne durch die Ausführung geeigneter Rituale die Situation seines Vaters nach dessen Tod verbessern. Der Buddha vertritt hier die Auffassung, dass die Handlungen anderer Menschen unser Schicksal nicht über das Grab hinaus beeinflussen können und dass solche Aktivitäten uns deshalb auch nicht von den Konsequenzen unseres eigenen Tuns zu befreien vermögen. Wäre es möglich, würde es gegen ein Naturgesetz verstoßen – beispielsweise gegen das Gesetz, dass schwere Körper fallen.

In anderen Zusammenhängen entspricht die buddhistische Lehre und Praxis nicht immer dieser Sichtweise. Nach der Lehre der »Übertragung von Verdienst« kann man Verdienst (*puñña*, also positives *vipāka*) auf einen verstorbenen

Verwandten übertragen. Beispielsweise opfert man in Sri Lanka nach dem Tode eines Verwandten den ortsansässigen Mönchen Nahrungsmittel und überträgt das dadurch angesammelte Verdienst dann auf den Verstorbenen.[65] Andere Arten von Opfergaben, beispielsweise neue Gewänder für Mönche, sollen ebenfalls zur Ansammlung von Verdienst beitragen. Einige buddhistische Schulen waren der Auffassung, wie viel Verdienst man auf Grund einer Spende ansammle, hänge zumindest teilweise von der ethischen Reinheit des Empfängers ab. Einige glaubten sogar, durch jede Benutzung eines solchen Geschenks erlange der Spender mehr Verdienst.[66] Insofern könnte man Verdienst als eine Art spirituellen Rohstoff verstehen, der vom Charakter des Erwerbers unabhängig ist, und man könnte der Auffassung sein, der Erwerb dieses Stoffs basiere zumindest teilweise auf Faktoren, auf die der Erwerber selbst keinen Einfluss habe. Deshalb war es wichtig, dass diejenigen, denen man etwas gab, ethisch so rein wie möglich waren, denn dadurch konnte das meiste Verdienst angesammelt werden. Und da Verdienst auf diese Weise zu einem »spirituellen Rohstoff« geworden war, konnte dieser wie Geld oder Güter auf andere übertragen oder ausgetauscht werden, und folglich konnte man Verdienst auch benutzen, um andere zu »retten«, eine Auffassung, die der im frühen Buddhismus akzeptierten völlig entgegengesetzt war.[67]

Wie sind diese etwas merkwürdigen Auffassungen und die mit ihnen verbundenen Praktiken entstanden? Um dies zu ergründen, müssen wir uns noch einmal vorbuddhistischen Quellen zuwenden. Nach der vedischen Überlieferung brauchte die aus dem Leben geschiedene Seele Hilfe von »dieser Seite«, entweder um in Zukunft wiedergeboren zu werden oder um den himmlischen Zustand zu erreichen. Dies erforderte die korrekte Ausführung bestimmter vorgeschriebener Riten, die gewöhnlich in irgendeinem Opfer von Nahrungsmitteln bestanden, wobei das auf diese Weise angesammelte Verdienst anschließend auf den Verstorbenen »übertragen« wurde. Im Buddhismus opfert man nicht den Göttern, sondern den Mönchen; doch wird auch in diesem Fall Verdienst angesammelt, das auf andere Menschen übertragen werden kann. Die vedische Annahme, die Übertragung von Verdienst finde hauptsächlich zwischen den Mitgliedern einer Familie statt, scheint der Buddhismus ebenfalls übernommen zu haben.

Man kann die Übertragung von Verdienst aber auch auf eine viel alltäglichere und organischere Weise verstehen, als die magische Sicht der vedischen Überlieferung es tut. Vieles, was wir tun, hat Auswirkungen auf andere. Unsere heilsamen Handlungen können das Leben anderer Menschen transformieren und sogar revolutionieren und ihnen ermöglichen, einschränkende Überzeugungen und Gewohnheiten zu verwerfen und eine kreativere Sichtweise zu entwickeln. Das Gegenteil trifft allerdings auch zu: Unsere unheilsamen Handlungen können andere daran hindern, sich positiv zu entwickeln, und sie dazu ermutigen, schlechte Gewohnheiten zu »pflegen« – oder sogar noch schlimmere zu entwickeln. So verstanden, können wir nicht nur unser Verdienst sondern auch unsere Fehler auf andere übertragen. Der Einfluss, den wir auf andere haben, zeigt, dass wir nicht in separaten karmischen Luftblasen leben. Unser moralisches Verhalten kann das Leben anderer Menschen zum Guten wie zum Schlechten beeinflussen. Dies ist sowohl ein Anlass zur Freude als auch beängstigend. Wir können anderen tatsächlich helfen, frei zu werden, können aber auch zu ihrer Unfreiheit beitragen. Ein wichtiger Aspekt unseres spirituellen Wachstumsprozesses ist, dass wir lernen, unseren Einfluss auf andere zu erkennen und ihn klug und mitfühlend zu nutzen.

Zwar können wir andere Menschen weder retten noch in die Verdammnis stürzen, doch dazu beitragen, dass sie sich selbst retten oder ins Unglück stürzen, können wir durchaus.

»Gewesenes« Karma

Unsere *vipākas* sind nicht nur von einer ganzen Reihe von Faktoren abhängig, sondern einige Karmas können sogar überhaupt nicht reifen. Wie ist das möglich? In der buddhistischen Philosophie gibt es den Begriff *ahosi-kamma* oder »gewesenes« Karma. Da Karmas nur unter bestimmten Bedingungen reifen können, tritt dies bei einigen möglicherweise nie ein, weil sich die entsprechenden Bedingungen nicht einstellen. Dies kann unter anderem aufgrund von entgegenwirkendem Verhalten passieren. Beispielsweise könnten wir etwas sehr Unheilsames tun, jedoch vor dem Eintreten irgendwelcher negativer Resultate sehr heilsam handeln, um uns zu reinigen und gewissermaßen das zuvor verursachte negative Karma zu neutralisieren. Indem wir uns entschlossen bemühen, heilsames Verhalten zu entwickeln, können wir die negativen *vipākas*, die wir andernfalls erlebt hätten, vermeiden.

Karmisches Potenzial kann sich aber auch ohne jede Intervention und ohne besonders heilsames Verhalten erschöpfen. Zwar wird Karma manchmal als eine Art ungreifbares Ding dargestellt, das uns umgibt und auf eine Gelegenheit wartet, sich zu manifestieren, doch hat jedes Karma nur eine beschränkte »Energie«, und wenn ein Karma keine unmittelbare Chance erhält, zum Ausdruck zu gelangen, kann sich die damit verbundene Energie einfach verflüchtigen.

Ich möchte dies anhand eines Beispiels aus meinem eigenen Leben veranschaulichen. Ich begann mit etwa zehn Jahren zu rauchen und fuhr damit mehr oder weniger fort, bis ich neunzehn Jahre alt war. Im Laufe dieser Zeit entwickelte ich eine ziemlich starke Gewohnheit, und das Rauchen verband sich eng mit meinem Identitätsgefühl. Dann schloss ich mich einer Gemeinschaft an, in der niemand rauchte, und ich beschloss, das Rauchen aufzugeben. Trotz meiner langjährigen Gewohnheit schaffte ich das fast sofort. Ich brauchte mir nicht besonders viel Mühe damit zu geben, weil die Umstände, die mich normalerweise zum Rauchen animiert hatten, in meiner neuen Situation nicht mehr existierten. Mein ziemlich stark entwickelter karmischer Drang zu rauchen, hing von bestimmten Vorbedingungen ab, beispielsweise von der Gesellschaft anderer, die ebenfalls rauchten, oder von Besuchen in Pubs. Als ich diese Lebensweise aufgab, erlebte ich die starke Wirkung der Gewohnheit nicht mehr, und sie verblasste daraufhin sehr schnell. Besonders interessant war, dass ich nicht einmal mehr den Wunsch zu rauchen verspürte: Die Gewohnheit löste sich völlig auf. Solche Beispiele enthüllen ein wichtiges Prinzip der Selbsttransformation: Unsere augenblicklichen Gewohnheiten werden durch bestimmte Umstände unterstützt. Deshalb müssen wir, wenn wir uns verändern wollen, oft die Umstände unseres Lebens verändern, um unsere Gewohnheiten durchbrechen zu können. In einer neuen Situation ist es manchmal relativ leicht, sich zu verändern.

Das Phänomen der Bekehrung

Manchmal führt ein Ereignis im Leben eines Menschen zu einem radikalen Bruch mit allem, was vorher war. Kein Aspekt des früheren Verhaltens vermag eine solche plötzliche Transformation zu erklären. Man kann solche Erlebnisse als Bekehrung bezeichnen. Das wohl berühmteste Beispiel dieser Art ist die im Neuen Testament beschriebene Geschichte des Saulus.[68] Dieser, selbst ein Jude, verfolgte auf Grund seiner ultra-orthodoxen Sichtweise die ersten Anhänger Jesu, weil sie die religiösen Konventionen des Judentums ignorierten. In der *Apostelgeschichte* wird beschrieben, wie Saulus nach Damaskus aufbricht, um dort Christen gefangen zu nehmen und sie zur Bestrafung nach Jerusalem zu bringen. Auf dem Weg nach Damaskus »umleuchtet ihn plötzlich ein Licht vom Himmel«, und er fällt in Ohnmacht. Dann hört er eine Stimme rufen: »Saulus, Saulus, warum verfolgst du mich?«[69] Dies ist die Stimme Jesu, die ihm befiehlt, seinen Weg nach Damaskus fortzusetzen und dort auf weitere Anweisungen zu warten. Saulus ist drei Tage lang blind, doch dann segnet ihn ein Mann namens Ananias, und dadurch wird seine Sehfähigkeit wiederhergestellt. Fast auf der Stelle verwandelt sich der Christenverfolger Saulus in den glühenden Konvertiten Paulus (so nennt er sich nun). Fortan arbeitet er an der Entwicklung des heute von uns so genannten Christentums. Diese Transformation gleicht einem Wunder. Deshalb sollte es uns nicht überraschen, dass der Autor der *Apostelgeschichte* den gesamten Vorgang als Eingreifen Gottes verstand. Transformationen wie die des Saulus sind jedoch keineswegs selten, und sie werden in der religiösen Literatur häufig beschrieben.

Die buddhistische Überlieferung kennt viele Beispiele für Bekehrungserlebnisse. Eine der bekanntesten Geschichten über eine wunderbare Bekehrung ist die über Aṅgulimāla, einem Serienmörder, der seinen Opfern jeweils einen Finger abschnitt und diese in Form einer grauenhaften Halskette mit sich führte.[70] Eines Tages begegnet ihm der Buddha. Zuerst glaubt Aṅgulimāla, ein neues Opfer gefunden zu haben; doch schon bald wird ihm klar, dass er es diesmal nicht mit einem gewöhnlichen Wesen zu tun hat. Der Buddha initiiert in ihm eine tiefe spirituelle Transformation, die ihn dazu veranlasst, seine Übeltaten aufzugeben und sich in der Gemeinschaft des Buddha der spirituellen Übung zu widmen. Kurz nach seiner Bekehrung trifft Aṅgulimāla beim Betteln in der nächstgelegenen Stadt eine Frau, die ein missgestaltetes Kind gebiert. Auf Grund seiner neu entdeckten größeren Empfindungsfähigkeit und seines Mitgefühls bewegt ihn diese Begegnung zutiefst, und er ruft aus: »Ach, wie die Wesen leiden!« Später trifft er den Buddha und berichtet ihm über die traurige Szene, die er miterlebt hat. Der Buddha antwortet: »Wenn das so ist, dann geh zurück nach Sāvatthi, und sage zu jener armen Frau: ›Ich habe nie absichtlich einem Wesen das Leben genommen. Möge es dir und deinem Kind auf Grund dieser Wahrheit wohl ergehen.‹« Aṅgulimāla ist sprachlos. Er sagt: »Wie kann ich zu ihr gehen und dies sagen, wo ich doch so viele Menschen umgebracht habe? Es wäre eine Lüge.« Der Buddha erwidert: »Dann geh zu der jungen Frau, und sage: ›Seit ich Anhänger des Buddha geworden bin, habe ich nie absichtlich Lebewesen getötet. Möge es dir und deinem Kind auf Grund dieser Wahrheit wohl ergehen.‹« Aṅgulimāla tut, was der Buddha ihm aufgetragen hat, und daraufhin geht es der Frau und ihrem Kind tatsächlich gut.

Ob alle Einzelheiten dieser Geschichte wahr sind oder nicht, sie veranschaulicht, dass manche Transformationen einem völligen Bruch mit der Vergangenheit gleichkommen, weshalb der betreffende Mensch den Einfluss, die »Gewohnheitsenergie« seines vorherigen Tuns nicht mehr erlebt. In seiner »Reinkarnation« als buddhistischer Heiliger hat Aṅgulimāla niemandem geschadet – er ist wiedergeboren worden. Auch das Ende der Geschichte ist interessant. Bei seinem nächsten Besuch in Sāvatthi wird Aṅgulimāla von den Bewohnern der Stadt verprügelt und mit Steinen beworfen. Blutend, mit Prellungen, zerbrochener Bettelschale und zerrissenem Gewand kehrt er zum Buddha zurück. Wie es in jenem Sutta heißt, ist dieses Leiden die Strafe *(vipāka)* für Aṅgulimālas frühere Missetaten; ich persönlich ziehe aus diesen Ereignissen jedoch einen anderen Schluss. Aṅgulimāla hat sich verändert, die Stadtbewohner hingegen nicht. Sie sehen ihn immer noch als bösartigen Serienmörder, haben ihm nicht verziehen und werden immer noch von ihrem instinktiven Vergeltungsdrang getrieben. Dies ist sehr aufschlussreich. Wenn wir selbst eine tiefe Transformation durchlebt haben, die unseren Charakter und unser Verhalten radikal zum Guten verändert hat, behandeln uns die Menschen in unserer Umgebung oft weiterhin so, wie es unseren früheren Handlungen entspricht. So kann es dazu kommen, dass wir, obwohl wir keine Bestrafung mehr »verdienen«, trotzdem bestraft werden. Manchmal müssen wir dies einfach ertragen und akzeptieren, dass die Menschen in unserer Umgebung einige Zeit brauchen, bis sie merken, dass sich bei uns etwas verändert hat.

Wie lassen sich die tief greifenden Veränderungen, mit denen wir uns hier beschäftigt haben, am besten erklären? Eine christliche Erklärung könnte sich auf den »Willen Gottes« berufen, und ein Buddhist könnte von *dharma-niyama* reden. Diese spirituelle Art von Bedingtheit kann positive Ereignisse herbeiführen, die sich allein mit dem Begriff *Karma* nicht erklären lassen. Der spirituelle Funke ist in uns allen gegenwärtig. Das Ziel der buddhistischen Übung ist nicht nur, gute Karmas zu produzieren – dies wäre nur ein »Gutsein« im konventionellen Sinne –, sondern auch, das Wirken von *Karma* und *vipāka* zu *transzendieren*. Der Heilige *(arhant)*, dessen Geist einzig von *dharma-niyama* geleitet wird und der deshalb kein Karma mehr erzeugt, veranschaulicht diese Transzendenz. Doch was bedeutet es, *Karma* zu transzendieren? Ständiger Veränderung unterworfen zu sein, beinhaltet im alltäglichen Sinne, dass wir beispielsweise eine Gewohnheit oder Sucht nicht nur durch Disziplin unterbinden, sondern dass wir sie aufgeben können, weil wir gar nicht mehr das Bedürfnis haben, sie aufrechtzuerhalten. Es ist ein wenig so, wie wenn Kinder sich von ihren Spielsachen distanzieren, weil sie älter werden: Sie bräuchten ihre Spielsachen zwar nicht zu ignorieren, aber diese interessieren sie einfach nicht mehr. Dieses »Herauswachsen« können wir als Äquivalent zur Befreiung vom *Karma* verstehen, und genau das ist das Ziel buddhistischer Lebensführung.

Der Film *Die Truman Show* veranschaulicht diese Art von Veränderung sehr plastisch.[71] Truman (der von Jim Carrey gespielt wird) lebt in einer gemütlichen kleinen amerikanischen Stadt des Mittleren Westens. Er ist nie gereist und hat auch sonst nie etwas Ungewöhnliches getan. Er lebt praktisch ausschließlich in seiner persönlichen Schachtel. Er weiß allerdings nicht, dass er *tatsächlich* in einer Schachtel lebt, denn sein ganzes Leben ist eine Reality-TV-Show, in der er der Hauptdarsteller ist und in der alle, die er kennt, mitwirken. Der Leiter der Show beschränkt Trumans Leben auf ein enges Spektrum von Möglichkeiten. Der Protagonist findet überall in seinem Leben Hinweise darauf, dass die Dinge nicht ganz so sind, wie sie zu sein scheinen, aber er geht diesen Hinweisen nicht nach. Frustriert darüber, dass er überall auf Grenzen stößt, beschließt er irgendwann auszubrechen. Er erreicht den Rand seiner Studio-Welt und geht durch den Himmel in eine neue Welt, deren Dimensionen und Möglichkeiten er sich nur in seiner Fantasie hätte ausmalen können. Die Entdeckung, dass er in einer künstlichen Welt gelebt hat, treibt ihn dazu an, sich um ein umfassenderes Verständnis seiner selbst und seines Lebens zu bemühen, ein Verständnis, hinter das er nicht mehr zurückfallen kann.

7

DAS UNENTDECKTE LAND

> Wer trüge Lasten
> Und stöhnt' und schwitzte unter Lebensmüh'?
> Nur dass die Furcht vor etwas nach dem Tod –
> Das unentdeckte Land, von des Bezirk
> Kein Wandrer wiederkehrt – den Willen irrt,
> Dass wir die Übel, die wir haben, lieber
> Ertragen als zu Unbekannten fliehn.[72]

Der Tod ist ein Geheimnis; wir wissen einfach nicht, was danach geschieht. Wir spekulieren, wir befürchten, doch letztendlich wissen wir es schlicht nicht. Weil das Unbekannte oft beängstigend wirkt, ist es nicht verwunderlich, dass viele von uns – wenn nicht wir alle – auf der Suche nach einem Bild oder einer Idee sind, das oder die uns hilft, uns vorzustellen, was uns erwartet, wenn wir diese sterbliche Hülle ablegen. Dies ist zweifellos einer der Gründe dafür, dass wir uns einer Religion zuwenden, denn die meisten Religionen verkünden eine Vision dessen, was uns erwartet, wenn wir sterben. Der Buddhismus ist in dieser Hinsicht keine Ausnahme. Er hat immer die Vorstellung einer Wiedergeburt propagiert, eine Sichtweise, der gemäß wir in einem nie endenden Kreislauf von Geburt und Tod *(saṃsāra)* gefangen sind, bis wir durch spirituelles Erwachen zur Befreiung gelangen. Deshalb formulierte der frühe Buddhismus als seine Zielsetzung die Befreiung aus dem Kreislauf des Lebens, des Todes und der Wiedergeburt. Nun erscheint die Wiedergeburt, für die frühen Buddhisten eine schmerzliche Realität, die sie zu überwinden strebten, vielen heutigen Menschen der westlichen Welt als eine durchaus wünschenswerte Aussicht.[73]

In den frühbuddhistischen Schriften sind kaum Argumente zu Gunsten der Wiedergeburt zu finden.[74] In Texten, die Negationen des Phänomens der Wiedergeburt entgegenzutreten versuchten – »falschen Sichtweisen« –, wird die Erfahrung des Buddha als »Beweis« für die Realität der Wiedergeburt angeführt. Doch der Buddha und seine frühen Anhänger lebten in einer Kultur, in der das Phänomen der Wiedergeburt in weiten Kreisen, wenn nicht gar allgemein, als Tatsache akzeptiert wurde; es war ein fester Bestandteil des kulturellen Bezugsrahmens, innerhalb dessen man die spirituelle Befreiung anstrebte. Wenn wir uns nun, wie viele Menschen der westlichen Welt, innerhalb eines völlig anderen Musters kulturabhängiger Annahmen bewegen, wie können wir dann mit der Lehre über die Wiedergeburt umgehen? Sollten wir an die Wiedergeburt glauben, auch wenn wir sie noch nicht bewusst erlebt haben? Handelt es sich dabei um nichts weiter als eine primitive Vorstellung, über die wir hinausgewachsen sind? Müssen wir die Idee der Wiedergeburt wörtlich verstehen? Oder ist sie eher eine Art Metapher? Ist es wichtig, dass wir an die Wiedergeburt glauben, wenn wir es mit unseren spirituellen Bemühungen ernst meinen?

Die Abwesenheit des »Selbst«

Die wichtigste Entwicklung hinsichtlich der buddhistischen Auffassung von der Wiedergeburt war die Feststellung, dass »kein festes Selbst« existiere *(anātman)*. Dieses Konzept stand im Gegensatz zu anderen zeitgenössischen Vorstellungen über das Selbst. Eine von diesen beharrte auf der Existenz eines *ātman* – eines unveränderlichen Selbst, das alle unsere Erlebnisse überdauert. Der Buddha bestritt die Existenz eines solchen Selbst. Doch *anātman* ist eher eine spirituelle Realisation als eine philosophische Wahrheit, und wir realisieren die Wahrheit eher durch meditative Übung als durch intellektuelle Reflexion. *Anātman* zu realisieren beinhaltet, Grenzenlosigkeit zu erleben, zu unserer grenzenlosen

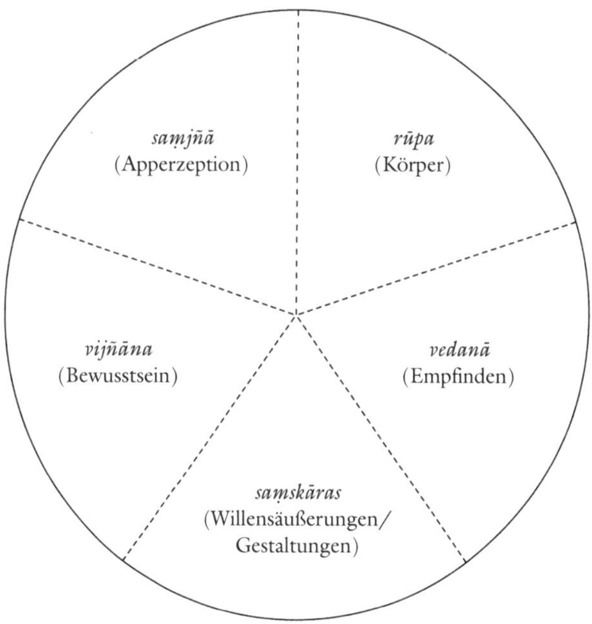

Abb. 6: Die Skandhas

Natur zu erwachen. Dies ist ein Erlebnis der Freude und Freiheit.

Eine der wichtigsten Methoden, die der Buddha benutzte, um die Realisation des »Nicht-Selbst« zu erreichen, war die Meditation über die fünf *skandhas* oder »Anhäufungen« (siehe Abb. 6). Diese unterteilen die menschliche Existenz in fünf Aspekte: Bewusstsein, Empfinden, Wahrnehmung, Willensäußerungen und Körper. In der Meditation richten wir die Aufmerksamkeit nacheinander auf jeden dieser Aspekte unseres Erlebens und untersuchen, ob der betreffende Aspekt das Selbst ist. Ist der Körper mein Selbst? Sind meine Empfindungen mein Selbst? Meine Willensäußerungen? Meine Wahrnehmungen? Mein Erleben von Bewusstsein? Auf diese Weise wird uns im Laufe der Zeit klar, dass die *skandhas* nicht stabil und unveränderlich sind; sie alle befinden sich im Fluss. Wo ist dann das Selbst? Nach Ansicht des Buddha nirgendwo. »Selbst« ist ein Stempel, den wir unserem ständig sich verändernden Erleben aufdrücken, keine Realität. Doch dies bedeutet nicht, dass wir nichts sind und dass unser Empfinden des Lebendigseins und des »Wir selbst«-Seins eine Täuschung ist, sondern nur, dass unsere Vorstellung, wir hätten eine feste, unveränderliche Identität, falsch ist. Wenn wir uns dieses falschen Verständnisses bewusst werden, eröffnen sich uns neue Möglichkeiten der persönlichen Transformation, mit deren Hilfe wir uns von einschränkenden Überzeugungen und Verhaltensweisen lösen und neue, kreativere Arten, die Welt zu erleben, entwickeln können.

Wenn kein Selbst existiert, was wird dann wiedergeboren?

Eine der verzwicktesten Fragen, die die buddhistische Sicht der Wiedergeburt aufwirft, lautet: Wenn es kein festes und unveränderliches Selbst gibt, was wird dann wiedergeboren? Diese Frage ist nicht leicht zu beantworten. Allerdings sollte man sich darüber im Klaren sein, dass das Fehlen eines festen Selbst nicht gleichbedeutend mit dem Fehlen jeglicher Kontinuität ist. Unser Erleben bleibt im Laufe unseres Lebens erstaunlich stabil; doch auch wenn die Persönlichkeit der meisten Menschen während ihres ganzen Lebens mehr oder minder gleich bleibt und sie über einen recht stabilen Fundus von Gewohnheiten und Überzeugungen verfügen, sollte diese Stabilität und Kontinuität nicht mit einer unveränderlichen Identität verwechselt werden.

Die Frage, was wiedergeboren wird und wie der Prozess der Wiedergeburt vonstatten geht, hat Buddhisten zu allen Zeiten beschäftigt, und sie alle haben damit gerungen, ein überzeugendes Modell zu finden. Möglicherweise lassen sich die dabei zu Tage tretenden Schwierigkeiten mit Hilfe von Konzepten gar nicht lösen. In einem nach-kanonischen Pali-Werk mit Namen *Die Fragen des Königs Milinda* stellt ein König dem buddhistischen Mönch Nāgasena eine Anzahl von Fragen über die Natur des Selbst und der Wiedergeburt. Die Schrift dokumentiert die Arten von Fragen, die bezüglich der buddhistischen Lehren häufig gestellt wurden und die in vielen Fällen noch heute relevant sind. Zunächst fragt Milinda, ob die wiedergeborene Person der gestorbenen entspricht oder sich von dieser unterscheidet. Nāgasena antwortet, die wiedergeborene Person sei weder die eine noch die andere, was darauf hindeutet, dass es nicht möglich ist, die wahre Natur der Beziehung zwischen beiden in angemessener Weise zu beschreiben. Auf Drängen des Königs veranschaulicht Nāgasena das Gemeinte durch folgendes Beispiel:

> Wenn ein Topf Milch zuerst zu Dickmilch, dann zu Butter und schließlich zu Butterschmalz wird, wäre es nicht richtig, wenn man sagen würde, Butterschmalz, Butter und Dickmilch seien mit der Milch identisch; doch da sie von der Butter stammen, wäre es auch nicht richtig zu sagen, sie seien etwas anderes als diese.[75]

Später fragt Milinda Nāgasena, was wiedergeboren wird, und dieser antwortet, es sei [eine Verbindung von] Geist und Materie [*nāma-rūpa*]. Milinda fragt weiter: »Werden der gleiche [der augenblickliche] Geist und die gleiche Materie wiedergeboren?« Nāgasena antwortet:

> Nein, sondern durch diesen Geist und diese Materie werden Dinge bewirkt, und auf Grund dieses Wirkens wird ein anderer Geist und eine andere Materie geboren; doch werden jener Geist und jene Materie dadurch nicht von den Folgen ihrer früheren Handlungen befreit. ... Es ist so, wie wenn ein Mann ein Feuer entzündet und es, nachdem er sich daran gewärmt hat, brennen lässt und davongeht. Wenn nun dieses Feuer das Feld eines anderen Mannes in Brand setzt und der Besitzer den Verursacher des Feuers fasst, vor den König bringt und gegen ihn Klage erhebt, stelle man sich vor, dass der Verursacher des Feuers sagt: »Eure Majestät, nicht ich habe das Feld dieses Mannes in Brand gesetzt. Das Feuer, das ich zurückließ, war ein anderes als dasjenige, das sein Feld verbrannte.«[76]

So wie das Feuer, das das Feld des Nachbarn verbrannt hat, vom ursprünglichen Feuer abhängig ist, besteht eine bedingende Beziehung zwischen einem Leben und dem nächsten;

sie sind nicht identisch, aber auch nicht völlig unterschiedlich. Das flüchtige Wesen des Feuers veranschaulicht dies sehr eindrücklich. Zur weiteren Auseinandersetzung mit dieser Idee können wir uns auch die Beziehung zwischen Eichel und Eiche vergegenwärtigen. In Abhängigkeit von einer Eichel wächst eine Eiche heran, und doch geht nichts Greifbares – kein »Ding« – von der Eichel auf den Eichenbaum über. Andererseits kann eine Eiche nicht aus nichts hervorgehen und auch nicht aus einer Kastanie; zwischen Eichel und Eiche besteht eine *spezifische* bedingende Beziehung. Unter günstigen Voraussetzungen entsteht aus der Eichel eine Eiche, und doch sind beide nicht ein und dasselbe. Dieses einfache Beispiel wirft Licht auf etwas zutiefst Geheimnisvolles und Wunderbares, das alles Leben betrifft: Wie entwickeln sich Dinge zu anderen Dingen? Wie stehen sie durch Zeit und Raum zueinander in Beziehung? Vielleicht lassen sich diese schwierigen Fragen gar nicht völlig befriedigend beantworten. Ein Teil des Problems besteht in unserer Tendenz, uns in unserem Denken mit Dingen statt mit Bedingungen zu beschäftigen; wir glauben, damit die Wiedergeburt irgendetwas bedeute, müsse es ein Ding (z. B. eine Seele) geben, das von einem Leben auf das folgende übergeht; vielleicht ist dieses statische Modell aber auch an und für sich ungeeignet. Alle Beispiele, mit denen wir uns beschäftigt haben, zeigen, dass zwischen zwei »Dingen« eine Beziehung bestehen kann, insofern das zweite in Abhängigkeit vom ersten entsteht und zwischen beiden trotzdem kein »Ding« weitergeleitet wird.

Aus den frühbuddhistischen Texten geht klar hervor, dass es kein Bewusstsein gibt, das die Wiedergeburten überdauert.[77] Das Bewusstsein ist keine Wesenheit, die unabhängig von Bedingungen existiert, welche irgendwie auf einen anderen Körper übertragen werden können, sondern es manifestiert sich in Abhängigkeit von Bedingungen. Aber wenn kein

»Ding« von einem Leben auf das nächste übergeht und es nur eine Beziehung abhängiger Bedingtheit gibt, existiert dann irgendeine Form von Kontinuität über mehrere Leben? Ist es auch nur in irgendeiner Weise sinnvoll zu sagen, dass »wir« wiedergeboren werden?

Manchmal heißt es, unsere *saṃskāras* – unsere Willenstendenzen – würden wiedergeboren. Dieser Sicht gemäß kommen wir nicht als »unbeschriebene Blätter« in die Welt, sondern mit der Tendenz, auf bestimmte Weisen zu handeln und zu denken. Temperament, Interessen und Wertvorstellungen von Kindern, die in ein und derselben Familie geboren sind, können erstaunlich unterschiedlich sein, und als Erklärung hierfür wird manchmal der unterschiedliche Verlauf früherer Leben der Betreffenden angeführt. Der Buddhismus würde Rousseaus Auffassung, der Mensch sei frei geboren, entschieden widersprechen, doch indem man von *saṃskāras* statt von einer Seele spricht, »vertagt« man das Problem lediglich. Wieso sollen *saṃskāras* von einem psychophysischen Organismus auf einen anderen übertragen werden können? Noch schwerer zu verstehen ist vielleicht, wie ein Wesen in einem Leben die Konsequenzen des Handelns eines anderen, das nun tot ist, zur Reife bringen kann. Wie kann eine in der Vergangenheit vollbrachte Tat später oder sogar im nächsten Leben Konsequenzen haben? Welcher Mechanismus überträgt ein Bündel von Tendenzen von einem psychophysischen Organismus auf einen anderen?

Einige dieser Fragen waren für die frühen Buddhisten eindeutig problematisch, und um sie zu erklären, entwickelten sie viele wunderbare (und manchmal auch sehr merkwürdige) Theorien. Eine bestimmte Schule, die der Puggalavāda oder »Personalisten«, glaubte an eine persönliche Wesenheit *(puggala)*, die von einem Leben auf das nächste übergeht und so jene persönliche Kontinuität schafft, durch die Karmas längerfristig auf ein Individuum einwirken können. Dieses Konzept klingt erstaunlich ähnlich wie das der Seele, und es ist wohl nicht schwer, sich vorzustellen, dass die Personalisten alle Hände voll damit zu tun hatten, sich gegen einen entsprechenden Vorwurf zur Wehr zu setzen. Der mittelalterliche Pali-Gelehrte Buddhaghosa postulierte die Existenz eines »Wiedergeburten miteinander verknüpfenden Bewusstseins« *(paṭisandhi)*, das die Entstehung eines neuen Lebens mit dem Augenblick des Todes verband. Doch wie ein Lebensstrom mit einem anderen verbunden werden kann, darüber gibt er keine klare Auskunft. Einige Schulen gelangten zu dem Schluss, dass Karmas so lange in einem »unsichtbaren« Sinne weiterexistieren und einem bestimmten psychophysischen Kontinuum (einer Person) entsprechen, bis sich ihre Konsequenzen entwickelt haben. Man könnte sie mit schlafenden Krankheitserregern vergleichen, die darauf warten, aktiviert zu werden, und dann Krankheiten zu erzeugen, wobei diese Erreger selbst sowohl im aktuellen Augenblick als auch permanent andere Erreger erzeugen, die ihnen fast völlig gleichen.[78] Eine andere Schule, Sautrāntika, benutzte zur Beschreibung des Prozesses der karmischen Kontinuität ein etwas poetischeres Modell. Nach ihrer Auffassung »parfümierte« jede Handlung das Individuum und führte zur Aussaat eines »Samens«, aus dem später gutes oder schlechtes *vipāka* keimte.[79]

Fragen über das Wesen der persönlichen Kontinuität und der karmischen Verantwortung sind schwer zu beantworten, weil mit ihnen grundlegende philosophische Fragen über das Wesen von Kausalbeziehungen, Identität und Kontinuität aufgeworfen werden. Wir können offenbar nur im Sinne von Kausalbeziehungen denken. Nach Auffassung des Philosophen Immanuel Kant ist dies in der Grundstruktur des menschlichen Bewusstseins angelegt. Wir neigen dazu, uns die Existenz eines völlig separaten Objekts vorzustellen, das auf ein anderes völlig separates Objekt einwirkt, und das nennen wir dann »Verursachung«. Doch Verursachung lässt sich nicht beobachten; es handelt sich dabei um eine imaginäre Beziehung zwischen zwei Phänomenen oder Ereignissen. Erleben ist ein nicht-duales Ganzes, das wir als »Ursache« und »Wirkung« analysieren, was allerdings zur Folge hat, dass wir uns damit auseinander setzen müssen, wie beide zusammenpassen. Wir sehen, dass sich etwas verändert, und wir schließen daraus, dass irgendetwas anderes diese Veränderung »verursacht« hat. Aber so ist die reale Welt nicht, und vielleicht können wir nur wirklich verstehen, was es mit der Wiedergeburt tatsächlich auf sich hat, indem wir auf eine andere Ebene des Erlebens überwechseln. Trotzdem beinhaltet weder die Tatsache, dass wir vielleicht nie völlig verstehen werden, wie Wiedergeburten möglich sind, noch unsere Unfähigkeit, ein plausibles Modell davon zu entwickeln, dass dieses Konzept völlig unsinnig ist. Die Wissenschaft vermag offenbar immer noch nicht zu erklären, wie Leben entsteht: wie bestimmte Gewebeverbindungen die Entstehung eines Embryos ermöglichen; trotzdem würden wir wohl kaum leugnen, *dass* dies geschieht.

Dieser Mangel an Gewissheit und Verständnis bezüglich dessen, was wir erleben, kann sehr frustrierend – und sogar demütigend – sein. Wir können diese Situation aber auch zu unserem Vorteil nutzen. Wenn wir unsere Unwissenheit hinsichtlich solcher Themen akzeptieren, kann sich uns das tiefere Erlebnis des Staunens über das Mysterium des Seins erschließen. Außerdem verhilft uns dies möglicherweise zu der Erkenntnis, dass wir unsere Aufmerksamkeit besser auf die praktischen Aspekte der Lebensführung richten, statt uns in metaphysische Probleme zu verstricken, die sich auf Grund der Grenzen menschlicher Erlebensfähigkeit wahrscheinlich als unlösbar erweisen werden. Wir sollten uns hüten, uns in quälenden metaphysischen Rätseln zu verfangen. Der Buddha war sich dieser Gefahr sehr bewusst. Einer seiner Schüler, Mālunkyāputta, wurde von solchen Problemen geplagt, die verallgemeinernd als »unklare Fragen«[80] bezeichnet worden sind. Ist die Welt ewig? Ist die Welt unendlich? Ist die Seele mit dem Körper identisch? Existiert der Buddha nach dem Tode?[81]

Mālunkyāputta ist unzufrieden damit, dass der Buddha weder klare Antworten auf diese Fragen gegeben noch zugegeben hat, dass er die Antworten nicht kennt; er hat sie einfach unerklärt gelassen. Deshalb steigert Mālunkyāputta sich in eine Art Rage und überzeugt sich davon, dass er nicht bereit ist, mit der spirituellen Übung fortzufahren, solange der Buddha ihm nicht einige der gewünschten Antworten gegeben hat. Also sucht er ihn auf, um mit ihm »Klartext« zu reden. Er sagt: »Wenn du die Antworten auf diese Fragen kennst, dürfte es kein Problem für dich sein, sie mir zu geben. Kennst du sie jedoch nicht, dann gib es einfach zu.«

Der Buddha antwortet mit der Frage, ob Mālunkyāputta ihn jemals eine Antwort auf solche Fragen habe geben hören. Mālunkyāputta bestätigt, dass er das nie getan habe. Daraufhin erklärt der Buddha, Mālunkyāputta sei ein irregeleiteter Mensch, und er trägt die berühmte Parabel vom vergifteten Pfeil vor. Wenn ein Mann durch einen vergifteten Pfeil verletzt würde und seine Freunde einen Chirurgen herbeiholten, der den Verletzten behandeln solle, könnte der Mann sagen: »Ich lasse nicht zu, dass der Chirurg diesen Pfeil entfernt, bis ich weiß, wer ihn abgeschossen hat – den Stammesnamen des Betreffenden, ob er groß oder klein ist, dunkel- oder hellhäutig, was für eine Art von Bogen er benutzt hat, welche Federn am Schaft waren und dergleichen mehr.« Der Buddha erklärt, dass dieser Mann sterben würde, bevor er die

Antworten auf all seine Fragen erhalten hätte. Ebenso verhalte es sich mit jemandem, der darauf beharre, die Antworten auf alle unklaren Fragen hören zu wollen, bevor er mit der spirituellen Praxis beginne: Auch solche Menschen würden sterben, bevor sie alle gewünschten Antworten erhalten hätten.

Der Buddha lenkt Mālunkyāputtas Aufmerksamkeit auf die Wirklichkeit des Leidens (die Verletzung). Er weist ihn darauf hin, dass das Bemühen um die Beantwortung unklarer Fragen nicht zum spirituellen Erwachen führt. Nutzbringender sei es, über die Vier Edlen Wahrheiten zu reflektieren – über das Leiden, die Ursache des Leidens, das Ende des Leidens und den Pfad, der zum Ende allen Leidens führt –, weil wir auf diese Weise zur spirituellen Befreiung gelangen. Der Buddha lenkt die Aufmerksamkeit also von metaphysischen Fragen auf praktische Aspekte der menschlichen Existenz: auf die Realität des Leidens und die Notwendigkeit, es zu überwinden. Vielleicht könnten wir daraus schließen, dass das, was wir bezüglich der Wiedergeburt annehmen, unwichtiger ist, als das wahre Wesen unseres menschlichen Zustandes zu erkennen und Schritte zu seiner Überwindung in die Wege zu leiten. Der Buddhismus ist eine spirituelle Tradition, die spiritueller Übung und Transformation einen höheren Wert beimisst als Überzeugungen und Glauben.

8

DIE SECHS (DASEINS-)BEREICHE

Der Buddhismus machte sich die Sichtweise zu Eigen, dass die Art unserer Wiedergeburt dem Leben entspricht, das wir geführt haben. Welche Art von *saṃskāras* wir im Laufe eines Lebens entwickelt haben, entscheidet demzufolge darüber, wer wir in Zukunft werden. Doch unsere Karmas formen nicht nur die mentale Landschaft unseres zukünftigen Lebens, sondern entscheiden auch darüber, in welche Art von Welt wir hineingeboren werden. Dies bedarf einer Erklärung. Nach der traditionellen buddhistischen Kosmologie gibt es fünf oder sechs Bereiche *(gati)*, in die Wesen hineingeboren werden können.[82] Dies sind die Bereiche der Götter, der Menschen, der *Asuras* oder zornigen Götter, der *Pretas* oder »hungrigen Geister«, der Höllenwesen und der Tiere (siehe Abbildung 7). Diese Bereiche werden in zwei Klassen unterteilt: *sugati*, die günstigen, zu denen der Bereich der Menschen und die beiden Götterbereiche zählen, und *duggati*, die ungünstigen, wozu alle übrigen Bereiche zusammengefasst werden. Alle Wesen bewegen sich je nach Qualität ihres Lebens zwischen diesen Bereichen; wir befinden uns also sozusagen in einer todernsten Version von *Snakes and*

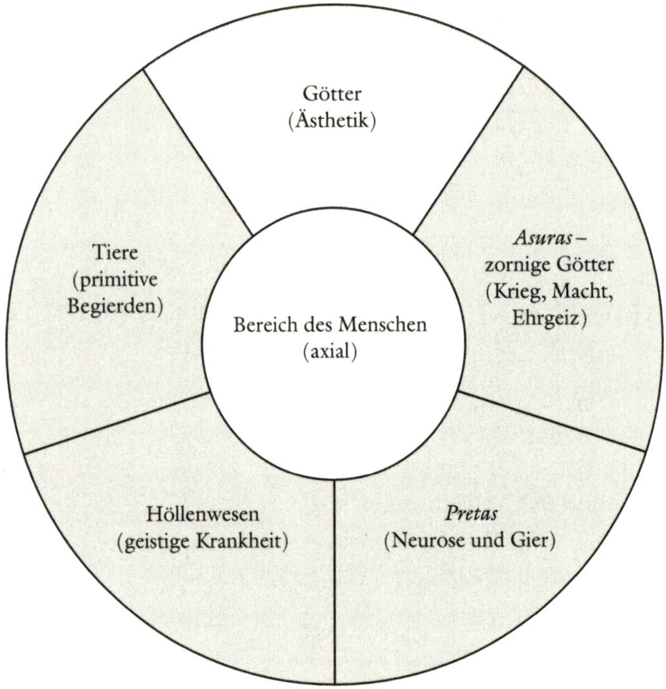

Abbildung 7: Die sechs Bereiche

Ladders. Führen wir ein gutes Leben, werden wir in einem der zu *sugati* zählenden Bereiche wiedergeboren, andernfalls in einem der *duggati* zugerechneten.

Obwohl der Bereich der Götter als der angenehmste gilt, ist der Bereich der Menschen der erstrebenswerteste, weil er die einzigartige Möglichkeit der spirituellen Entwicklung bietet. Im Menschenbereich gibt es einerseits so viel Leiden, dass die dort weilenden Wesen dazu angeregt werden, ihr Leben zu untersuchen und nach Möglichkeiten, es zu transzendieren, Ausschau zu halten. Andererseits gibt es so viel Freude, dass diejenigen, die sich dort aufhalten, nicht durch den Schmerz, den sie auf Grund ihrer schwierigen Situation empfinden, überwältigt werden. Deshalb ist es ihnen möglich, ihres Zustandes in umfassender Weise gewahr zu werden und bewusste Entscheidungen zu treffen, statt lediglich auf Lust mit Begehren und auf Schmerz mit Aversion zu reagieren. Deshalb ist der Bereich der Menschen der zentrale und für das spirituelle Erwachen günstigste.

Alle übrigen Bereiche haben hinsichtlich des spirituellen Erwachens deutliche Nachteile. Die Wesen im Bereich der Tiere werden von der Sorge um Nahrung und Schlaf und von der Fortpflanzung in Anspruch genommen. Sie sind sich ihrer selbst ganz und gar nicht bewusst, haben keine Vorstellung von spiritueller Entwicklung und können folglich auch nicht an dieser arbeiten. Die Wesen im Höllenbereich werden so von ihrem Leiden niedergedrückt, dass sie jede Perspektive verlieren, und sie geraten unausweichlich in immer tieferes Elend, weil sie auf Grund ihres Schmerzes zunehmend schädlich handeln. Die Wesen im Bereich der Götter sind von Lust und Freude berauscht und völlig auf sich selbst fixiert. Sie leben in einer Traumwelt, in der alles leicht ist. Deshalb interessieren sie sich weder für ihren spirituellen Fortschritt noch für das Wohl anderer. Ihnen kommt nicht einmal der Gedanke, dass sie sich jemals verändern könnten. Die Wesen im Bereich der zornigen Götter befinden sich ständig im Kampf. Sie werden von Konkurrenzstreben, Gier und Ehrgeiz bestimmt. Weil sie nur vom Ehrgeiz angetrieben werden, interessiert ihre spirituelle Entwicklung sie gar nicht. Die *Pretas* (Hungergeister) schließlich werden von unstillbarem Hunger und Durst verzehrt. Alles, was sie essen, verwandelt sich augenblicklich in Unrat, und alles, was sie trinken, in flüssiges Feuer.

Auf Grund der ungünstigen Bedingungen in allen Bereichen außer dem der Menschen schaffen *Pretas* eher unheilsame *saṃskāras* als förderliche. Generell ist es für Wesen, die in einen der niederen Bereiche gelangt sind, sehr schwierig, wieder in einen der höheren zurückzukehren. Dies gilt sogar für die Götter. Zwar ist das, was sie erleben, sehr angenehm, doch gelangen sie auf Grund der Anhaftungen, die sie entwickeln, wahrscheinlich in Zustände des Begehrens, und das kann zur Wiedergeburt im Bereich der Hungergeister führen.

Aus all diesen Gründen wird eine Existenz im Bereich der Menschen als äußerst wünschenswert und ungeheuer kostbar angesehen, denn sie eröffnet einzigartig günstige Voraussetzungen für das spirituelle Erwachen. Es gibt eine traditionelle Betrachtung, die uns dazu motivieren soll, unseren Aufenthalt im Menschenbereich besonders zu schätzen. Dazu sollten wir uns eine einzelne alte Schildkröte vorstellen, die so wirkt, als sei sie so alt wie das große Meer, in dem sie lebt. Sie ist erblindet und vermag nur noch mit großer Mühe zu schwimmen. Man stelle sich weiterhin vor, auf dem gleichen unermesslich weiten, tiefen und geheimnisvollen Meer treibe wie ein Stück Treibholz ein rundes Joch mit einem Loch in der Mitte. Alle hundert Jahre einmal erhebt die alte Schildkröte ihren Kopf über die Wasseroberfläche. Wie hoch ist wohl die Wahrscheinlichkeit, dass sie ihren Kopf ausgerechnet durch das Joch steckt? Geschähe dies, wäre es nicht nur äußerst unwahrscheinlich, sondern auch verwunderlich. Gemäß buddhistischer Überlieferung ist dies jedoch wahrscheinlicher, als dass ein Wesen als Mensch wiedergeboren wird. Diese Parabel soll uns zeigen, wie ungeheuer selten ein Wesen als Mensch geboren wird, und uns dazu bringen, die menschliche Existenz deshalb als ein sehr kostbares Gut zu schätzen.[83]

Aber können wir wirklich in einem jener anderen Bereiche wiedergeboren werden? Kann ein Wesen, das einmal ein Mensch war, tatsächlich auf die Stufe eines Tieres zurückfallen? Kann ein Mensch beispielsweise zu einer Heuschrecke werden? Der traditionelle Buddhismus versteht dies sehr wörtlich; doch möglicherweise fühlen wir uns nicht in der Lage, diese Sicht zu akzeptieren. Angesichts des von der modernen Wissenschaft geprägten Verständnisses des Lebens und der Evolution könnten wir der Auffassung sein, dass ein Wesen, das einmal ein Bewusstsein seiner selbst entwickelt hat, kaum wieder auf die Bewusstseinsstufe des Tieres zurückfallen kann. Wäre eine solche Degeneration möglich, müssten wir uns damit auseinander setzen, dass ein menschliches Bewusstsein beispielsweise im Körper eines Hamsters gefangen sein kann, denn jedes Tier hat ein seiner Natur entsprechendes Bewusstsein.

Wir wissen bereits, dass sich der Begriff Karma nur auf Wesen anwenden lässt, die Selbstgewahrsein und moralische Unterscheidungsfähigkeit entwickelt haben. Dies bedeutet, dass sich im Bereich der Tiere nur karmische Wirkungen entfalten können. Tiere säen kein Karma, sie ernten es nur. Doch diese Auffassung bringt das traditionelle buddhistische Modell in Schwierigkeiten. Wie kann ein Wesen, das sich im Bereich der Tiere befindet, aus diesem wieder herauskommen? Das ist offenbar nur auf zwei Arten möglich. Die erste ist: Wenn das Karma, das zur Wiedergeburt im Bereich der Tiere führte, sich erschöpft hat, entfalten andere Karmas ihre Wirkungen und verursachen eine Wiedergeburt in einem anderen Bereich. Die zweite Möglichkeit besteht darin, dass Tiere mit Hilfe eines äußeren Einflussfaktors (beispielsweise eines mitfühlenden Buddhas) Selbstgewahrsein entwickeln und ihre tierische Natur überwinden.

Wie gelingt es Wesen, aus den anderen Bereichen hinauszugelangen? Die Bewohner des Götterbereichs ruhen sich auf ihren Lorbeeren aus; ihr Glück basiert auf früheren guten Taten. Ihr Zustand ist ebenso wie der von den Wesen im Bereich der Tiere sehr passiv, wenn auch angenehm. Durch ihre Selbstzufriedenheit erschöpfen sie ihr Verdienst schließlich und »fallen« in den Bereich der Menschen. Ihre Landung dort ist oft unsanft. Die zornigen Götter werden so von ihrem Neid auf die Götter getrieben und sind so berauscht von ihrer Gier nach Macht und Besitz, dass sie kaum heilsam handeln werden. Sofern dieser Bereich zu jenen gezählt wird, in denen Karma entsteht, fallen sie wahrscheinlich in eine noch üblere Existenz, vermutlich in den Bereich der Höllenwesen. Und was die *Pretas* und Höllenwesen betrifft, lässt sich kaum vorstellen, wie sie jemals aus ihren unwirtlichen Bereichen befreit werden könnten. *Pretas* sind so von ihrem Begehren beherrscht, dass sie ständig unheilsam handeln, um ihren Hunger und Durst zu lindern, während die Höllenwesen derartig in einem Kreislauf des Leidens gefangen sind, dass sie mit hoher Wahrscheinlichkeit immer tiefer in ihrem Elend versinken. Wie sollte man auch positiv gesonnen bleiben, wenn man gezwungen wird, rot glühende Eisenkugeln zu schlucken und wenn Hände und Füße von rot glühenden Eisenstäben durchbohrt werden, ganz zu schweigen davon, dass man auf riesige Berge von glühender Kohle und wieder von diesen herab klettern muss oder dass man in einem rot glühenden Kessel gekocht wird.[84]

Möglicherweise versteht man alle Bereiche (außer dem der Menschen) am besten als passive *vipāka*-Zustände, in denen Wesen die Früchte ihres Karmas aus früheren Leben zur Reife gelangen lassen. Wäre dies der Fall, würden die Bewohner, nachdem sie ihr Karma verbraucht hätten, in einen höheren Bereich überwechseln. Geschieht dies jedoch nicht, können sie wahrscheinlich nur mit äußerer Hilfe aus ihrem schrecklichen Zustand befreit werden. Andererseits können Wesen im Bereich der Menschen Entscheidungen treffen und neue *saṃskāras* schaffen; sie können ihr eigenes Leben beeinflussen und ihre Zukunft verbessern. Statt von irgendeiner äußeren Kraft abhängig zu sein, können Menschen sich selbst »retten« – sie können sich allerdings auch »verdammen«.

Ein psychologisches Verständnis der sechs Bereiche

Bisher haben wir die sechs Bereiche im Sinne der buddhistischen Überlieferung buchstäblich als Welten verstanden, in die wir hineingeboren werden können. Es kann jedoch auch sehr nützlich sein, sie symbolisch als ein Spektrum geistig-psychischer Zustände – oder persönlicher Welten, die Menschen bewohnen können – zu verstehen. In diesem Sinne ist der Bereich der Götter ein Bereich extremer sinnlicher Freude, ästhetischer Befriedigung, des Erfolgs, des Glücks und des Rausches. In einem solchen Zustand sind wir glückselig, jedoch einigen harten Tatsachen des Lebens gegenüber blind: beispielsweise gegenüber dem Tod, dem Leiden anderer und jener Verheimlichung des Leidens, die den Fortbestand unseres Glücks erst möglich macht – etwa der Armut derjenigen, die uns ermöglichen, billige Güter zu genießen. In einem gewissen Sinne ist der Bereich der Götter ein Bereich absichtlichen Nichtsehens der dunklen Seite des Lebens, ein unablässiges pubertäres Beschwören des Guten im Leben. Tennyson hat dies in den folgenden Versen erfasst:

> For they lie beside their nectar, and the bolts are hurl'd
> Far below them in the Valleys, and all the clouds are lightly curl'd
> Round their golden houses, girdled with the gleaming world.[85]

Der Zustand der Götter ist so »entrückt«, dass es ihnen gelingt, das Leiden und den Schmerz der Wesen, die sich unter ihnen befinden, zu übersehen. Ihr Sturz in die Tiefe ist jedoch unvermeidlich, und wenn es dazu kommt, ist dies oft sehr schmerzhaft. Ein gefallener Gott ist ein äußerst trauriger Anblick.

Wenn wir im Bereich der Tiere leben, handeln wir aus rein biologischen und instinktabhängigen Motiven. Wir verfügen über wenig oder keine Imagination, haben keine Orientierung, empfinden keine Verzweiflung, aber auch keine Hoffnung. Wir unterliegen der Macht unserer Wünsche und gelangen nie über sie hinaus. Wir leben mechanisch, treffen keine freien oder neuartigen Entscheidungen, sondern schwimmen wie ein Goldfisch in seiner Kugel umher, getrieben von nur undeutlich bewussten Impulsen des Begehrens und der Abneigung. Wir verfügen also weder über Freiheit noch über Entscheidungsfähigkeit und auch nicht über Kreativität. Wahrscheinlich verbringen wir die meiste Zeit unseres Lebens in diesem Zustand.

Charakteristisch für den Bereich der *Pretas* ist extrem starkes neurotisches Begehren. Wir haben dort ständig ein Gefühl der Bedürftigkeit, des Hungers und der Leere. Wir sind unablässig auf der Suche nach etwas, das unser Mangelempfinden zu lindern vermag – Beziehungen, Arbeit, Besitztümer oder sogar die Religion – doch gelingt uns dies nie. Sobald wir uns etwas zu Eigen machen, das wir wollen, entstehen neue Wünsche. Wir sind nie zufrieden, weil wir von den Dingen mehr erwarten, als sie vermögen. Dies ist der Zustand des modernen Konsumenten, den unsere vom Begehren geprägte Gesellschaft fördert, wahrscheinlich weil neurotisches Wünschen der Treibstoff des Kapitalismus ist. Die kapitalistische Konsumwelt basiert auf der Lüge, dass wir durch den Erwerb von Dingen glücklicher werden. Statt für uns selbst zu sorgen und uns mit unserem spirituellen Hunger auseinander zu setzen, halten wir nach äußeren Objekten Ausschau, um unseren inneren Mangel zu beheben. Wir glauben, wir könnten unseren Hunger lindern, indem wir uns mit Erlebnissen, Besitztümern und Ideen voll stopfen und uns so viele Sexualpartner wie möglich suchen. Zwar ist gegen solche Bestrebungen grundsätzlich nichts einzuwenden, und nur ein Miesmacher würde leugnen, dass sie in einem gewissen Maße Glücksgefühle erzeugen können, doch unsere spirituelle Natur kann auf diese Weise nicht zur Erfüllung gelangen. Deshalb manifestiert sich unser Begehren nach Bemühungen dieser Art noch stärker als vorher. Es ist kaum anzunehmen, dass irgendjemand glaubt, physischer Hunger ließe sich stillen, indem man sich ein neues Auto kauft – dazu müssen wir einfach etwas essen. Doch machen wir genau diese Art von Fehlern in anderen Zusammenhängen, indem wir beispielsweise glauben, durch das Kaufen immer neuer Kleider könnten wir unser Gefühl spiritueller Leere verringern. Dies ist typisch für die sinnlose und verzweifelte Aktivität der *Pretas.*

Der Bereich der zornigen Götter ist von extremer Eifersucht, unvorstellbarem Ehrgeiz, Wut und Frustration geprägt. Bildliche Darstellungen dieses Bereichs zeigen die zornigen Götter im Kampf mit den Göttern um den Besitz des wunscherfüllenden Baumes. Wenn jemand anders etwas besitzt, das die zornigen Götter nicht besitzen, geben sie sich nicht zufrieden, bis sie selbst es ebenfalls ihr Eigen nennen können oder, noch besser, bis sie es *statt* der ursprünglichen Eigentümer besitzen. Sie würden das betreffende Objekt sogar eher zerstören als zuzulassen, dass jemand anders seine Freude daran hat. Deshalb sind sie nie glücklich. Wenn andere sich freuen, empfinden sie Schmerz; dies ist ein Affront für ihr unermessliches Verlangen, alle Macht und alles

Angenehme ihrem Einfluss zu unterwerfen. Die Haltung dieser Wesen ähnelt jener perversen Haltung, die Jago im *Othello* dazu treibt, das Glück seines Leutnants zu zerstören. Nach Ansicht der zornigen Götter ist die Welt ausschließlich dazu da, ihre Wünsche zu erfüllen – andere Menschen behindern ihr Streben nach Glück entweder oder fungieren für sie als Mittel, mit deren Hilfe sie glücklich werden können. Diese Wesen sind extrem egozentrisch.

Höllenwesen sind so in ihr Leiden verstrickt, dass sie nicht in der Lage sind, irgendwelche Freuden zu genießen. Sie denken auch nicht an andere, weil ihr Leiden so intensiv ist, dass es ihre gesamte Energie verzehrt. Auf Grund ihrer unerträglichen Schmerzen schlagen sie wild um sich und merken gar nicht, dass sie dadurch anderen wehtun. Sie können sich nicht vorstellen, dass andere leiden, denn ihr Empfindungsvermögen ist durch ihren eigenen Schmerz stark eingeschränkt. Deshalb leben sie sehr isoliert in einer von Albträumen, Entsetzen, Furcht und Verzweiflung geprägten Welt. Geisteszustände wie jener der paranoiden Schizophrenie sind Beispiele für diese Art des Erlebens.

Wie ich bereits erwähnt habe, wird der Bereich der Menschen als der zentrale angesehen. Vielleicht ist er der objektivste unter den sechs Zuständen. Menschen sind in der Lage, sich mit dem, was sie erleben, klar und verständig auseinander zu setzen. Ihnen ist bewusst, dass sie sowohl Freude als auch Leid (sowie eine Vielfalt anderer Emotionen) erleben können, doch diese Erlebnisse versetzen sie weder in einen Rauschzustand noch in eine depressive Stimmung. Sie spüren das Gewicht und die Kraft ihrer Gewohnheiten, sind sich ihrer jedoch so bewusst, das sie sich ihnen widersetzen können. Menschen nehmen die spirituelle Dimension ihres Lebens wahr und sind dazu motiviert, sie zu erforschen.

Beim Nachdenken über diese Beschreibungen fragen wir uns vielleicht, ob einer der nichtmenschlichen Bereiche unserem persönlichen Erleben entspricht. Nun werden wir zwar vermutlich eine gewisse Affinität zu einem oder mehreren der nichtmenschlichen Bereiche empfinden, doch dass wir ganz und gar auf einen von ihnen fixiert sind, ist eher unwahrscheinlich. Wäre das der Fall, würde ein Buch wie das vor Ihnen liegende Sie nicht interessieren. Wir könnten auch das Gefühl haben, dass wir uns ständig zwischen den verschiedenen Daseinsbereichen hin und herbewegen, wobei ein Bereich unser Erleben dominiert. Mit Hilfe dieses Modells der verschiedenen Bereiche könnten wir eine neue Sicht unseres Lebens entwickeln und herausfinden, mit welchen Aspekten unserer Lebensweise wir uns auseinander setzen und welche wir transformieren müssen. Durch diese Transformation schaffen wir die Möglichkeit wahrhaft menschlichen Bewusstseins und damit die Grundlage für eine dauerhafte spirituelle Weiterentwicklung.

Wie wir uns aus Daseinsbereichen befreien können

Ich habe bereits erwähnt, dass es sehr schwierig sein kann, einen der niederen Bereiche wieder zu verlassen. Sind wir somit, wenn wir erst einmal in sie hineingelangt sind, zu ewigem Leiden verdammt? Würde nur unser eigenes Tun den Verlauf der Pilgerreise unseres Lebens bestimmen, könnte dies der Fall sein. Doch zum Glück haben wir Anteil an einer Welt, in der auch andere Wesen existieren, deren eigene willentliche Handlungen auf unser Leben einen positiven oder negativen Einfluss haben können. Traditionelle Darstellungen der sechs Bereiche zeigen in jedem von diesen einen

Buddha, der Bedürftigen auf die jeweils angemessene Weise hilft. Im Bereich der Götter ist ein weißer Buddha mit einer Laute zu sehen, der die Melodie der Vergänglichkeit spielt. Im Bereich der zornigen Götter schwingt ein grüner Buddha das Schwert spiritueller Weisheit. Im Bereich der *Pretas* bietet ein roter Buddha etwas zu essen und zu trinken an. Im Höllenbereich verteilt ein rauchfarbener Buddha einen schmerzlindernden Balsam. Im Bereich der Tiere weilt ein blauer Buddha mit einem Buch. Und im Bereich der Menschen schließlich ist ein gelber, wie ein Mönch gekleideter Buddha abgebildet, der ein spirituelles Leben symbolisiert.

Die sechs Buddhas stehen für mitfühlende Aktivität – für eine liebevolle und praktische Hilfe anbietende Reaktion auf das Leiden anderer. Interessant ist, dass nur der Buddha im Bereich der Menschen direkt spirituelle Unterweisung anbietet. Oft benötigen Wesen grundlegendere Hilfe. Ein Hungernder braucht etwas zu essen, bevor er die Dharma-Lehren aufnehmen kann. Manchmal jedoch vermögen sich Wesen im Zustand extremen Leidens zu extremen Lösungen aufzuschwingen, die sie in eine Welt stark erweiterter Möglichkeiten katapultieren, aus der sie nie mehr zurückkehren. Dies kann im Rahmen einer religiösen Bekehrung geschehen. Häufiger jedoch stellt sich schnell heraus, dass solche Lösungen nichts weiter als eine neue Art von Schachtel sind, und wenn aus dieser der Boden fällt, stürzen die Betreffenden in tiefere Verzweiflung als je zuvor. Dies zeigt, dass es oft nicht leicht ist, Menschen zu helfen, denn sie müssen zunächst die Wurzel ihrer Schwierigkeiten erkennen. Deshalb ist das buddhistische Mitgefühl mit Weisheit gepaart.

Folglich sind wir zwar in einem gewissen Sinne auf uns selbst gestellte, für unsere Taten verantwortliche Erben unseres eigenen Karmas, doch andererseits gehören wir auch alle zusammen: Das Leben ist ein riesiges Gemeinschaftsunternehmen. Diese Sichtweise erschließt uns eine Fülle erstaunlicher neuer Möglichkeiten. Wir können anderen helfen, sich zu transformieren, und andere können uns bei unserer Transformation ebenfalls behilflich sein. Wenn uns dies bewusst wird, kann das in uns sowohl eine tiefe Dankbarkeit dafür wecken, dass andere Wesen uns helfen können – und dies oft auch tun –, und außerdem können wir spüren, dass wir in der Lage – und dafür verantwortlich – sind, das Leiden anderer zu lindern. Wir leben in einer Welt wechselseitiger Beeinflussung, und in einem wahrhaft kreativen Leben tragen wir nicht nur individuell Verantwortung, sondern lernen auch, in einer auf Gegenseitigkeit beruhenden Beziehung zu anderen zu leben und anzuerkennen, dass diese anderen Menschen die Qualität unseres Lebens sowohl verbessern als auch verschlechtern und wir sie umgekehrt auf die gleichen Weisen beeinflussen können.

9

WIEDERGEBOREN

Zwar akzeptieren alle buddhistischen Traditionen in irgendeiner Form die Idee der Wiedergeburt, doch gibt es unter Buddhisten keine verbindliche Anschauung darüber, was genau nach dem Tode geschieht. Der Theravāda-Buddhismus versichert generell, die Wiedergeburt trete unmittelbar nach dem Tode ein; nach dieser Auffassung gibt es kein Zwischenreich *(antarābhava)*. Die Schulen des Tibetischen Buddhismus hingegen haben die Vorstellung entwickelt, dass der Wiedergeburt ein *bardo* genannter Zwischenzustand vorausgeht, und auf dieser Grundlage ist eine einzigartige Literatur und sogar eine »Wissenschaft« von Tod und Wiedergeburt entstanden, die großenteils in einem Werk beschrieben wird, das in der westlichen Welt unter der populären Bezeichnung *Tibetisches Totenbuch* bekannt ist.[86] Die philosophische Grundlage zu alldem liefert die frühbuddhistische Scholastik.

Obwohl der Theravāda-Buddhismus einen Zwischenzustand zwischen Tod und Wiedergeburt grundsätzlich abstreitet, enthalten einige frühe buddhistische Schriften Anzeichen dafür, dass sie die Vorstellung eines Zwischenreichs unterstützen.[87] Eine frühe Schule, die diese Sichtweise vertrat, trug den Namen *Sarvāstivāda*; aus dieser Tradition ist die Vorstellung eines *bardo* hervorgegangen. Die Sarvāstivāda-Anhänger glaubten, zwischen Tod und Wiedergeburt gebe es eine andere Art von Existenz, die einen »Körper« von fünf *skandhas* umfasse, eine Art Fegefeuer, in dem Wesen noch nicht die Konsequenzen ihrer früheren Handlungen ernten (was dieser Auffassung gemäß erst durch die Wiedergeburt geschieht), sondern wo sie noch beeinflussen können, in welchem Bereich sie in Zukunft leben werden. Nach der gleichen Auffassung, die sich auf die frühen buddhistischen Schriften zurückverfolgen lässt, sollen der Sterbeprozess und der Zwischenzustand eine einzigartig günstige Gelegenheit für das spirituelle Erwachen bieten.[88]

Das Wesen im Zwischenzustand wurde *Gandharva*[89] genannt, und man glaubte, damit ein Embryo sich in einem Mutterschoß einnisten könne, müssten nicht nur biologische Voraussetzungen erfüllt, sondern außerdem ein Gandharva-Wesen zugegen sein, das bereit sei, wiedergeboren zu werden. Die Form des Gandharva, so glaubte man, entspreche der Form des Wesens, das wiedergeboren würde, sodass es beispielsweise eine menschliche Form hätte, wenn es auf eine Wiedergeburt als Mensch zusteuere. Das Wesen des Zwischenreichs sollte die Größe eines fünfjährigen Kindes, jedoch voll entwickelte Organe haben. Einige sittsamere Zwischenreichswesen seien vollständig bekleidet, wogegen andere nackt und nur für ihresgleichen sichtbar seien, sofern sie derselben Klasse von Wesen angehörten oder den Vorzug des »Himmlischen Auges«[90] genössen. Ein Gandharva-Wesen könne man nicht einmal mit Gewalt davon abbringen, dem Bereich zuzustreben, den es für die Wiedergeburt gewählt habe. Es nähre sich von Gerüchen: Ein Gandharva niederen Ranges lebe von unangenehmen Gerüchen, ein hochrangiges Zwischenreichswesen von angenehmen. Die

Ansichten über die Dauer des Zwischenzustandes scheinen unterschiedlich zu sein. Nach einer Auffassung dauert er so lange, bis das Gandharva-Wesen die für seine Wiedergeburt erforderlichen Bedingungen findet.

Interessant ist auch die Erklärung über den tatsächlichen Verlauf der Wiedergeburt. Der von Anfechtungen heimgesuchte Geist wird auf Grund seines Verlangens nach sexueller Vereinigung zur Wiedergeburt getrieben. Das Zwischenreichswesen verfügt über das Himmlische Auge und benutzt dieses, um den Ort der Geburt zu erkennen. Es beobachtet seine potenziellen Eltern in sexueller Vereinigung und wird dadurch in Unruhe versetzt. Ist das Gandharva-Wesen männlich, empfindet es sexuelles Verlangen nach seiner Mutter und Hass auf seinen Vater, den es als Rivalen ansieht; ist es weiblich, empfindet es sexuelles Verlangen nach dem Vater und Abneigung gegen die Mutter. Diese Erklärung könnte man als einen interessanten Vorläufer von Freuds Entwicklungsideen ansehen. Moderne Fortpflanzungstechnologien wie die einer Zeugung durch künstliche Befruchtung und die des Klonens lassen sich mit dieser Verständnisweise schwerlich in Einklang bringen. Durch sein Verlangen nach Sex bindet sich der Geist an den Ort, wo die Sexualorgane zueinander in Beziehung treten, und er stellt sich vor, dass er sich (als Mann) mit der Mutter oder (als Frau) mit dem Vater vereint. Anschließend lässt sich das Zwischenreichswesen im Schoß nieder, wo es bis zur Geburt bleibt. Nicht alle Gandharvas scheinen sich bei ihrem Eintritt in den Schoß darüber im Klaren zu sein, was ihnen bevorsteht; einige denken: »Der Wind bläst, es regnet; es ist kalt, ... die Menschen sind aufgewühlt«, und lassen sich dann im Schoß nieder und halten ihn für einen Schutz. Bevor sie begreifen, was geschieht, finden sie sich in die Welt hineingeworfen.

Tod und Wiedergeburt im Tibetischen Buddhismus

Die Schulen des Tibetischen Buddhismus messen dem Todesbardo große Bedeutung bei, weil sie glauben, der Aufenthalt in diesem Bereich sei eine kostbare Chance für das spirituelle Erwachen. Ein erheblicher Teil der spirituellen Übung dieser Schulen dient deshalb der Vorbereitung auf die Todesstunde. Dem Übenden soll so ermöglicht werden, die Situation des Todes optimal für sich zu nutzen. Man kann sogar die gesamte spirituelle Übung dieser Traditionen als Vorbereitung auf den Tod verstehen. Beim Nahen des Todes blitzen in unserem Geist angeblich Bilder unserer früheren Taten auf. War unser Leben heilsam, erfüllen uns in unserer Todesstunde wahrscheinlich heilsame Willensäußerungen, die uns eine Wiedergeburt in einem der günstigen Bereiche ermöglichen. Die tibetischen Schulen lehren, dass wir im Bardo mit dem weißen Licht der Realität konfrontiert werden, das nichts anderes sei als die wahre Natur unseres Geistes. Doch erkennen wir es nicht als das, was es ist, sondern erschrecken bei seinem Anblick und verfallen in eine Ohnmacht. Anfangs ist uns nicht einmal klar, dass wir gestorben sind. Dann durchlaufen wir eine Reihe von Situationen, in denen wir mit der Realität in Gestalt verschiedener Buddha- und Bodhisattva-Formen konfrontiert werden. Diese Erlebnisse bieten uns mehrere Gelegenheiten, zu erwachen und die Realität zu erkennen; doch ohne angemessene Vorbereitung missverstehen wir ihre wahre Natur wahrscheinlich, und wir erschrecken auf Grund des Auftauchens von Engelsgestalten und machen uns schleunigst auf den Weg zum nächsten Mutterschoß.

Das Tibetische Totenbuch könnte als Handbuch für Lebende bezeichnet werden, die Verstorbenen helfen wollen, sich in der Todessituation zu orientieren und zur spirituellen Befreiung statt zu einer erneuten Wiedergeburt zu gelangen. Es beschreibt ausführlich die Parade erleuchteter Gestalten, mit denen wir im Zwischenzustand nach dem Tode in Kontakt treten. Im Laufe einer Folge von »Tagen« werden wir gezwungen, zwischen dem bestürzend wirkenden Licht der Realität, so wie es sich durch verschiedene Buddha-Gestalten manifestiert, und dem trüben Licht der Wiedergeburt, das von den sechs Bereichen ausgeht, zu wählen. Das Licht der Buddhas ist sehr stark und so hell, dass es uns verängstigt, wohingegen die von den sechs Bereichen ausgehenden Lichter trübe sind und beruhigend wirken. Wenn wir eine Affinität zum Bereich der Götter haben, werden wir wahrscheinlich zum dortigen matten weißen Licht hingezogen. Ebenso strahlt der Bereich der zornigen Gottheiten ein mattes rotes Licht aus, der Bereich der Menschen ein mattes blaues, der Bereich der Tiere ein mattes grünes, der Bereich der *Pretas* ein mattes gelbes und schließlich der Bereich der Höllenwesen ein mattes rauchartiges Licht.

Wenn wir das Licht der Wirklichkeit ohne Widerstand in uns aufzunehmen vermögen, können wir im Bardo-Zustand zum spirituellen Erwachen gelangen; andernfalls streben wir einer Wiederverkörperung in demjenigen unter den sechs Bereichen zu, mit dem uns die stärkste Affinität verbindet. Eine Möglichkeit der Vorbereitung auf die Konfrontation mit dem erschreckenden Licht der Wirklichkeit besteht deshalb im regelmäßigen Meditieren auf eine Bodhisattva- oder Buddha-Gestalt. In den ersten Tagen nach dem Tode begegnen Verstorbene einer Anzahl friedlicher Buddha-Gestalten, deren Schönheit und Reinheit eine so erschreckende Wirkung auf sie haben kann, dass sie erneut in eine Ohnmacht fallen. Später manifestieren sich Gottheiten von zorniger Erscheinung, und nach herkömmlichem Verständnis wirken sie wie Dämonen, wobei sie der Überlieferung gemäß meist als weniger beängstigend empfunden werden als die friedlichen Gestalten.

Es wird für wichtig gehalten, den aus dem Leben scheidenden Geist, wenn er in den Zwischenzustand eintritt, an die Drei Juwelen – Buddha, Dharma und Sangha – zu erinnern. Deshalb ist es Sitte, Sterbende mit Buddha-Bildnissen zu umgeben, in ihrer Gegenwart *Mantras* zu rezitieren und ihnen sogar Anweisungen aus dem *Tibetischen Totenbuch* vorzulesen. Dadurch werden ihre Chancen erheblich größer, zu erkennen, was mit ihnen beim Eintritt in den Bardo des Todes geschieht, und positiv auf dieses Erlebnis zu reagieren.

Die Bardo-Lehren haben jedoch auch eine direktere, alltäglichere Bedeutung. Nicht nur der Tod ist ein wertvoller Bardo, sondern auch das alltägliche Leben bietet uns unablässig Gelegenheiten, das Licht der Wirklichkeit in uns aufzunehmen. Wir können uns in jedem Augenblick dafür entscheiden, der Wahrheit gemäß zu verstehen und zu leben; wir können die Wahrheit aber auch ablehnen und Ausweichen und Täuschung perpetuieren. Wir haben in jedem Augenblick die Möglichkeit, uns entweder für Mitgefühl, Klarheit und Gleichmut zu entscheiden oder kleinlichen Egoismus, Unklarheit und Parteilichkeit zu verstärken. Wir brauchen nicht bis zur Todesstunde zu warten, um das klare Licht der Wirklichkeit zu erleben – es befindet sich sogar in diesem Moment unmittelbar vor uns. Durch diese Entscheidung können wir unserem Leben eine andere Richtung geben und eine andere Zukunft schaffen. Statt uns von unseren übelsten Tendenzen leiten zu lassen, können wir unseren Willen bewusst mit dem in Einklang bringen, was das Beste ist, und uns von der schwerkraftähnlichen Wirkung unheilsamer Gewohnheiten befreien.

Die Übertragung des Bewusstseins

Abgesehen von der Nutzung der allgemeinen spirituellen Übung als Vorbereitung auf den Tod, gibt es auch eine spezielle Übungsform, die dazu dient, die Fähigkeit zur Übertragung des eigenen Bewusstseins im Augenblick des Todes *(phowa)* zu entwickeln. Dies soll Menschen ermöglichen, ihr Bewusstsein in ein Reines Land zu befördern – einen Ort, der für das spirituelle Erwachen ideale Voraussetzungen bietet. Eine Version dieser Übungsart zielt darauf, Übenden den Zugang zum Reinen Land des Maitreya, des zukünftigen Buddha, zu erschließen.[91] Dazu müssen sie das Reine Land des Maitreya visualisieren und Maitreya anrufen. Anschließend bauen sie eine Visualisation auf, in der Maitreya sie reinigt. Daraufhin visualisieren sie einen mystischen Tropfen, der aus dem Herzen zur Schädeldecke aufsteigt. Er ist eine Verkörperung des eigenen Geistes und subtiler Energien und wird im Augenblick des Todes aus dem Körper ausgestoßen. Hauptziel dieser Übung ist die völlige Identifikation mit Maitreya, und insofern ähnelt sie stark anderen Arten des Visualisierens von Gottheiten.

Das Bewusstsein wird mit Hilfe eines speziellen Mantras, der Silbe *hik* aus dem Körper geschleudert und kann mit Hilfe der Silbe *phat* wieder in den Körper zurückbefördert werden. Dass das Ziel dieser Übung erreicht ist, erkennt man am Auftauchen einer kleinen Blase auf dem Kopf, aus der ein wenig Blut und Eiter austritt. Dies ist die Vorbereitungsübung. Sobald man Anzeichen für das Nahen des Todes bemerkt, bereitet man sich auf die Ausstoßung des Bewusstseins aus dem Körper vor. Dies sollte nicht vor dem tatsächlichen Todeszeitpunkt geschehen, denn andernfalls wird man auf die übliche Weise wiedergeboren. Einige von den Chinesen inhaftierte tibetische Mönche sollen sich getötet haben, indem sie ihr Bewusstsein auf die beschriebene Weise aus dem Körper schleuderten.[92]

Auch wenn uns all dies als ziemlich abwegig und esoterisch erscheinen mag – so geht es jedenfalls mir –, gelangt darin ein einfaches Prinzip zum Ausdruck: Wenn wir ein engagiertes spirituelles Leben führen, brauchen wir den Tod nicht zu fürchten, sondern können ihm ruhig und gelassen entgegensehen. Unsere beste »Versicherung« gegen die Wiedergeburt ist das spirituelle Erwachen in diesem Leben. Wenn wir uns nicht von komplizierten exotischen Praktiken mitreißen lassen wollen, tun wir gut daran, uns dies immer wieder vor Augen zu führen.

Das Tulku-System

Ziel buddhistischer Übung war zweifellos immer, dem Kreislauf der Wiedergeburten *(saṃsāra)* zu entrinnen, doch haben einige außergewöhnliche Wesen aus Mitgefühl mit der Welt und aus dem Wunsch heraus, anderen zur Befreiung zu verhelfen, angeblich die Fähigkeit entwickelt, ihre eigenen Wiedergeburten zu beeinflussen, obwohl sie bereits die spirituelle Befreiung erreicht hatten. Dieses Prinzip gelangt im tibetischen Tulku-System zum Ausdruck, einem in der Weltgeschichte wohl einzigartigen klerikalen Phänomen. Das Modell eines spirituellen Lebens basiert in der Tradition des Tibetischen Buddhismus auf dem Ideal des *Bodhisattvas*, des »erwachten Wesens« – eines Menschen, der nicht nur nach spirituellem Erwachen strebt, um selbst frei von Leiden zu sein, sondern der auch anderen Wesen helfen möchte, sich vom Leiden zu befreien. Ein Bodhisattva verpflichtet sich, allen Wesen zur Befreiung zu verhelfen, bevor er sich selbst zur Ruhe setzt. Natürlich ist dies eine nie endende Aufgabe.

Der Bodhisattva verkörpert das Prinzip des Mitgefühls, den unerschöpflichen Drang, anderen Wesen bei der Überwindung ihres Leidens zu helfen. Dies ist die Aufgabe der tibetischen Tulkus. Gestalten wie der Dalai Lama und der Karmapa werden als Manifestationen von Bodhisattvas angesehen. Der Dalai Lama beispielsweise soll eine Verkörperung des mythischen Bodhisattvas Avalokiteśvara sein, der manchmal mit elf Köpfen dargestellt wird, die ihm ermöglichen, alles Leiden der Wesen zu sehen, sowie mit tausend Händen, mit denen er auf die Nöte all dieser Wesen eingehen kann.

Nach dem Tode eines Tulkus – insbesondere wenn dieser ein einflussreiches oder wichtiges Amt inne hatte – wird gewöhnlich dessen physische Reinkarnation gesucht. Um die Person zu finden, in der sich der Betreffende erneut manifestiert, werden Orakel, Prophezeiungen und sogar Hinweise, die der verstorbene Tulku selbst hinterlassen hat, herangezogen. Sobald ein potenzieller Kandidat gefunden ist, wird er (und in den meisten Fällen handelt es sich um eine männliche Person) strengen Prüfungen unterzogen. Beispielsweise legt man ihm verschiedene *mālas* (Gebetsketten) vor, unter denen er diejenige identifizieren soll, die die vorherige Inkarnation des Tulkus benutzt hat. Besteht der Kandidat alle Tests, wird er als Wiedergeburt des Tulkus bestätigt und dann normalerweise sehr jung – manchmal schon mit vier Jahren – zur Ausbildung in das Stammkloster seines Vorgängers gebracht. Falls er in seinem vorherigen Leben wichtige Aufgaben erfüllt hat, werden ihm diese im Laufe der Zeit erneut übertragen, und er wird auch zum Eigentümer des Landes und anderer Besitztümer seines Vorgängers.

So merkwürdig dieser Prozess uns erscheinen mag, im Grunde ist er nichts weiter als ein Ausdruck einiger logischer Implikationen der buddhistischen Wiedergeburtslehre. Wenn tatsächlich Wiedergeburten stattfinden – und insbesondere wenn fortgeschrittene Wesen ihre Wiedergeburt tatsächlich bewusst steuern können, müsste es eigentlich auch möglich sein, diese Wiedergeburten zu identifizieren. Da jedoch auch dieses System wie jedes andere missbraucht werden kann, ist es schon mehrfach zur parallelen Inthronisierung rivalisierender Kandidaten unterschiedlicher politischer Gruppen gekommen. Während der Inthronisierung des letzten Karmapa – des Oberhauptes der *Karma-Kagyu*-Schule – kam es sogar zu gewalttätigen Auseinandersetzungen zwischen Kontrahentengruppen. Wahrscheinlich waren bei der Suche nach Tulkus immer politische Erwägungen und »Schicksalskorrekturen« im Spiel.

Bis vor kurzem waren Tulkus generell entweder Tibeter oder Mongolen; doch seit der Tibetische Buddhismus großenteils in die westliche »Diaspora« übergewechselt ist, sollen einige tibetische Tulkus in westlichen Familien wiedergeboren worden sein, unter denen Lama Osel wohl der bekannteste ist. Er wurde als Kind spanischer Eltern geboren und als Reinkarnation von Lama Yeshe »bestätigt«.[93] Einige dieser im Westen geborenen Tulkus haben eine traditionelle Ausbildung im Sinne der Lehren des Tibetischen Buddhismus erhalten.

Die Thematik der Tulkus und ihrer Rolle hat in den letzten Jahrzehnten einen etwas umstrittenen Charakter angenommen, weil einige bestätigte Tulkus (d.h. »lebende Bodhisattvas«) in ihrem Verhalten dem Geist des Buddhismus nicht gerecht geworden sind. Zwar verteidigen ihre Unterstützer diese Art von Aktivität als Ausdruck »verrückter Weisheit«, doch sollten wir uns vielleicht generell hüten, spirituelle Lehrer auf Grund von Behauptungen, die über sie kursieren oder sogar von ihnen selbst in die Welt gesetzt werden, zu beurteilen, und sie stattdessen an dem Eindruck messen, den sie persönlich auf uns machen. Denn was für einen Sinn hat es, wenn jemand ein anerkannter Tulku ist und trotzdem unheilsam lebt? Diese Möglichkeit in Betracht ziehend sollten wir gegenüber potenziellen Mängeln innerhalb des Tulku-Systems wachsam sein. In keinem Fall ist es ratsam, Status oder Titel eines Menschen als Indiz für seinen spirituellen Entwicklungsstand anzusehen.

Eine weitere Eigenart des Tulku-Systems, die wohl ebenfalls in keiner anderen Religion der Welt zu finden ist, sind die *Mehrfach*-Wiedergeburten, eine Möglichkeit, die in Bernardo Bertoluccis Film *Little Buddha* beschrieben wird: Ein tibetischer Lama wird im Westen *dreifach* wiedergeboren, unter anderem als Mädchen – was äußerst ungewöhnlich ist. Prinzipiell soll ein hoher Lama in der Lage sein, bis zu *fünf* Wiedergeburten gleichzeitig herbeizuführen. Diese umfassen die Körper-, Sprach- und Geist-Manifestationen sowie die Karma- und die *guṅa*-(Qualitäts-)Manifestation. Allerdings kommt es äußerst selten vor, dass fünf Reinkarnationen des gleichen Tulkus erkannt werden, und selbst im Fall von erkannten Mehrfach-Wiedergeburten wird meist eine als die wichtigste angesehen. Das Konzept der Mehrfach-Wiedergeburten impliziert interessante Möglichkeiten und wirft wichtige Fragen bezüglich der Lehre über die Wiedergeburt generell auf, mit denen wir uns teilweise später noch auseinander setzen werden.

10

BEWEISE FÜR DIE WIEDERGEBURT

Es hat immer Menschen gegeben, die behaupteten, sich an frühere Leben zu erinnern, wobei sie oft äußerst romantische Situationen schilderten. Als die Theosophie gegen Ende des 19. Jahrhunderts in weiten Kreisen populär wurde, haben beispielsweise einige ihrer Anhänger sensationelle Behauptungen in die Welt gesetzt, etwa dass sie vor vielen Jahrhunderten ägyptische Pharaonen oder prähistorische Königinnen gewesen seien. Solche Äußerungen wurden zu einer regelrechten Mode. Natürlich wünschen sich viele Menschen eine edle und hohe oder auch exotische Herkunft, doch können Geschichten dieser Art kaum als zuverlässige Beweise gelten, sondern sie lassen eher auf ein Bedürfnis nach der Erfüllung der eigenen Wünsche schließen und auf Tendenzen, der eigenen realen Situation auszuweichen. Extravagante Behauptungen hinsichtlich früherer Leben haben zweifellos jegliche Glaubwürdigkeit, die der Vorstellung der Wiedergeburt vielleicht angemessen wäre, eher noch verringert als gefördert. Dies könnte zumindest teilweise erklären, weshalb der Glaube an die Wiedergeburt heute eher mit Fantasten und Spinnern als mit vertrauenswürdigen Denkern in Verbindung gebracht wird.

Bevor wir uns eingehender mit diesem Thema beschäftigen, müssen wir uns klar machen, dass die Auseinandersetzung mit Behauptungen bezüglich früherer Leben uns mit terminologischen Schwierigkeiten konfrontiert. Viele Menschen benutzen die Begriffe »Wiedergeburt« und »Reinkarnation«, als seien sie gleichen Inhalts. Tatsächlich haben sie jedoch eine unterschiedliche Bedeutung. Die buddhistische Lehre sieht die Wiedergeburt (so wie ich sie in früheren Kapiteln beschrieben habe) als *im Gegensatz* zur Reinkarnation. Der entscheidende Unterschied zwischen beiden ist aus buddhistischer Sicht, dass die Reinkarnation mit der Vorstellung einer unveränderlichen Essenz in Verbindung gebracht wird, die sich Leben um Leben »reinkarniert«. Die buddhistische Position ist aber noch paradoxer: Sie bestätigt, dass es zwar eine Wiedergeburt gibt, aber nicht jemanden, der wiedergeboren wird. Wenn wir uns mit Beweisen für das Phänomen der Wiedergeburt beschäftigen, müssen wir von verschiedenen Leben sprechen, etwa in der Form: »Ich werde wiedergeboren werden.« Nun kann man aus solchen Formulierungen leicht den Schluss ziehen, gemeint sei eine Identität, die von Leben zu Leben Bestand hat – und vielleicht wird dadurch auch der Glaube an eine solche Identität »untergeschoben«. Dies verstärkt den Glauben, dass »ich« überleben werde, oder sogar den, dass wir alle ewig existieren. Doch so etwas würde der Buddhismus niemals vertreten.

Als passendes Bild für die Idee der Reinkarnation könnte uns eine Perlenkette dienen, die alle Leben durch einen einzigen Faden miteinander verbindet: eine fortbestehende Seele oder Identität. Die Wiedergeburt hingegen könnte man mit einem Stapel Münzen vergleichen, wobei jede Münze auf der vorherigen liegt und durch ihren Platz im Stapel konditioniert wird – durch das, was vorher geschehen ist –, jedoch nicht durch einen unveränderlichen Faden mit allen anderen verbunden ist.

Schauen wir uns nun, von dieser Unterscheidung ausgehend, einige der seriöseren Indizien für das Phänomen der Wiedergeburt an. Dabei sollte von Anfang an klar gesagt werden, dass es kaum völlig unparteiische Beweise gibt. Ein Grund hierfür ist die Tatsache, dass nur wenige Forscher ausreichend motiviert sind, die bekannt gewordenen Fälle, die als Beweise für die Realität der Wiedergeburt herangezogen werden könnten, gründlich zu untersuchen. Da die vorliegenden Beweise sehr komplex und vieldeutig sind und überdies viele neue Fragen aufwerfen, können wir uns in diesem Zusammenhang leider nicht gründlich mit ihnen auseinander setzen. Wir werden uns aber trotzdem mit einigen Aspekten dieser Thematik eingehender beschäftigen.

Indizien für die Realität früherer Leben lassen sich größtenteils drei Kategorien zuordnen: Behauptungen von Kindern bezüglich angeblicher Erinnerungen an frühere Leben, Muttermalentsprechungen sowie Rückführungen in frühere Leben, die mit Menschen im Erwachsenenalter durchgeführt wurden. Letztere sind offenbar besonders unzuverlässig. Ein Beispiel für eine solche Rückführung ist der Fall der Bridey Murphy aus den 1950er-Jahren, der durch ein Buch und eine Verfilmung berühmt geworden ist. Es handelt sich um die Geschichte der Virginia Tighe, einer Frau aus Colorado, die sich unter Hypnose an ein Leben als Frau aus Cork in Irland im 19. Jahrhundert erinnerte.[94] In Trance sprach sie mit irischem Akzent, sang irische Lieder und erinnerte sich daran, festgehalten worden zu sein, während sie sich hinabbeugte, um den Blarney-Stein zu küssen. Zwar fand man nie eine Irin, die im 19. Jahrhundert gelebt hatte und der Beschreibung Bridey Murphys ähnelte, doch entdeckten Mitarbeiter einer Zeitung eine Bridie Murphey Corkell, die im 20. Jahrhundert in Wisconsin gelebt hatte, und zwar ausgerechnet gegenüber dem Haus, in dem Virginia Tighe aufgewachsen war. Virginia hatte also unter Hypnose nicht über Erinnerungen an ein früheres Leben, sondern über stark ausgeschmückte Erlebnisse aus ihrer eigenen Kindheit berichtet. Zwar lassen sich nicht alle Fälle von angeblichen Erinnerungen an frühere Leben so leicht aufklären und damit abtun, doch beziehen sich selbst die plausibelsten Beweise dieser Art oft auf ein Leben, über das kaum gesicherte historische Fakten bekannt sind. Deshalb ist es in vielen Fällen unmöglich, die Aussagen von Untersuchungsteilnehmern über eine angebliche frühere Persönlichkeit zu verifizieren.

Jemand, der sich wohl mehr als jeder andere bemüht hat, das Phänomen der Wiedergeburt systematisch zu erforschen, und der die Auseinandersetzung damit auf eine wissenschaftlich fundierte Grundlage gestellt hat, war Dr. Ian Stevenson, der in zahlreichen Büchern tausende von Fällen angeblicher Wiedergeburtserlebnisse untersucht.[95] Stevensons Fälle sind weit davon entfernt, der Sensationsgier zu erliegen: Seine Zeugen erinnern sich meist nicht an frühere Leben, in denen sie wichtige Persönlichkeiten oder malerische Gestalten waren, sondern eher an andere Leben als gewöhnliche Menschen, in denen sie vielfach dem gleichen Umfeld angehörten wie in ihrer aktuellen Existenz.

Häufig reden Kinder schon sehr früh, meist im Alter zwischen zwei und fünf Jahren, über einen Toten (die »vorige Persönlichkeit« oder vP), und im Allgemeinen, wenn auch nicht immer, hören sie im Alter von fünf bis acht Jahren auf, über solche Themen zu sprechen. Manchmal erwähnen Kinder auch einen verstorbenen Freund oder Verwandten; in anderen Fällen ist die vP der Gastgeberfamilie nicht bekannt. Zuweilen beharrt ein Kind darauf, »nach Hause« gebracht zu werden – womit es das Zuhause der vorigen Persönlichkeit meint. Oft behaupten Verwandte, das Kind habe die Familie und die Freunde der vP erkannt, ohne dass man ihm entsprechende Hinweise gegeben habe, und es habe Kenntnisse über die vP gehabt, die es aus anderen Quellen nicht habe erlangen können. Wie zur Unterstreichung ihrer Behauptung befinden sich am Körper einiger dieser Kinder Muttermale, die angeblich Verletzungen entsprechen, die die vP erlitten hatte – was nach dem Tode der vP durchgeführte ärztliche Untersuchungen manchmal bestätigen. Außerdem kann ein solches Kind Verhaltensweisen erkennen lassen, die auf eine Verbindung zum Leben der vP hindeuten, etwa eine Phobie, die mit der Art, wie die vP gestorben ist, zusammenhängt.

In seinem Buch *Old Souls* berichtet der Journalist Tom Shroder, der Stevenson bei seinen Feldforschungen zwecks Untersuchung von Erinnerungen an frühere Leben begleitete, über seine Begegnungen mit dem Wissenschaftler.[96] Die anfänglich instinktiv sehr skeptische Haltung Shroders wurde durch einige Zeugen, die er im Libanon und in Indien kennen lernte, stark erschüttert.

Stevensons Untersuchungen lassen einige verbreitete Eigenarten von Menschen erkennen, die von sich behaupten, sich an frühere Leben zu erinnern. Zunächst kommen solche Fälle wesentlich häufiger in Gesellschaften vor, in denen das Phänomen der Wiedergeburt oder Reinkarnation in weiten Kreisen akzeptiert wird. Ein Skeptiker könnte nun einwenden, Erinnerungen an frühere Leben würden in solchen Milieus in einem gewissen Sinne produziert, obwohl eine solche Überzeugung durchaus aufgrund eines realen Erlebnisses entstanden sein kann. In westlichen Ländern hingegen kommen Erinnerungen an frühere Leben deutlich seltener vor. Das könnte deshalb so sein, weil solche Erinnerungen, wenn sie sich manifestieren, nicht ernst genommen werden und die betroffenen Kinder schnell lernen, entsprechende Eindrücke zu verdrängen. Allerdings sind Fälle dieser Art auch aus der westlichen Welt gelegentlich berichtet worden.

Zweitens berichten viele Kinder, die behaupten, sich an ihre früheren Leben zu erinnern, sie seien unter gewaltsamen und tragischen Umständen gestorben. Falls solche Erinnerungen echt sind, könnte dies darauf hinweisen, dass ein schweres Trauma den Prozess des gewöhnlichen Vergessens unterbricht, der es anderen Menschen ermöglicht, unbehelligt von belastenden Erinnerungen, die Identitätsprobleme hervorrufen könnten, ein neues Leben zu beginnen. Zumindest in einigen Fällen jedoch könnten angebliche dramatische Erlebnisse in früheren Leben dazu dienen, Traumata der Betreffenden im jetzigen Leben zu dokumentieren, weil eine direkte Konfrontation mit diesen Vorfällen für sie unerträglich wäre.

In einigen von Stevensons Fällen identifizieren sich die Untersuchten mindestens so stark mit ihrer früheren Persönlichkeit wie mit der gegenwärtigen, manchmal in einem solchen Maße, dass die Erinnerungen sie in große Aufregung versetzen oder sie gern mit der Familie ihrer vP zusammentreffen möchten. Dies scheint zuweilen zu einer Art Persönlichkeitskrise geführt zu haben, wenn jemand sich seinem mutmaßlichen früheren Leben enger verbunden fühlte als dem gegenwärtigen. Einmal behauptete ein als Muslim geborenes Kind, es stamme aus einer Hindu-Familie, und weigerte sich deshalb, sich so zu verhalten, wie es unter Muslimen üblich war. Da der Islam die Idee der Wiedergeburt ablehnt, ist dieser Fall besonders interessant und kaum als Betrug zu erklären. Die Familie hatte von der Situation des Kindes keinerlei Vorteil, sondern aufgrund dessen eher Unannehmlichkeiten, und die ganze Sache war ihr peinlich. Solche Fälle zeigen, dass es in kulturellen Milieus, in denen von Wiedergeburten häufig die Rede ist, gute Gründe dafür gibt, einen

Mechanismus zu entwickeln, der die Unterdrückung von Erinnerungen an frühere Leben ermöglicht, um die soeben beschriebene Art von Verwirrung und Leid zu vermeiden. Dies könnte erklären, weshalb Erinnerungen an frühere Leben so wenigen Menschen zugänglich sind.

Ein dritter interessanter Aspekt ist die Zeitspanne zwischen dem Tod der mutmaßlichen vP und der Geburt der gegenwärtigen. Die durchschnittliche Zeitspanne, die Stevensons Untersuchungen zufolge bis zur nächsten Geburt verging, waren etwa acht Monate. Dies lässt vermuten, dass die vP erst in einem relativ späten Entwicklungsstadium des Fötus in diesen »eintritt«, ganz bestimmt nicht im Augenblick der Zeugung. Nach gängiger buddhistischer Sichtweise hingegen verbindet sich das Bewusstsein, soweit mir bekannt, zum Zeitpunkt der Empfängnis mit dem befruchteten Ei. Falls sich die Persönlichkeit tatsächlich erst relativ spät mit dem Fötus verbindet, hat dieser dann vorher schon ein Bewusstsein? Und würde er auch ohne das Eingreifen einer anderen Persönlichkeit, die einer Wiedergeburt zustrebt, überleben? Oder gibt es eine Art »voreingestellte« Persönlichkeit, die sich ohnehin entwickeln würde?

Wie wir bereits gehört haben, versichert die buddhistische Überlieferung, dass der Zustand unseres gegenwärtigen Lebens von der moralischen Qualität unseres Verhaltens in früheren Leben abhängt. Shroder weist jedoch darauf hin, dass in den Fällen, die er miterlebte,

> die Beziehung zwischen den beiden Leben rein zufällig und völlig naturgemäß war, etwa so, wie der Ort, an dem ein Eichensämling aufgeht, in einer Beziehung zu dem jahrhundertealten Baum steht, von dem die Eichel fiel – beeinflusst durch Nähe, Windströmungen und Zufall, jedoch nicht durch eine moralische Ordnung.[97]

Ein traditionell denkender Buddhist könnte diese Diskrepanz mit dem Argument erklären, dass die augenblickliche Wiedergeburt durch ein anderes Leben als das unmittelbar vorausgegangene beeinflusst werden könnte. Zu diesem Einwand ist zu sagen, dass es völlig unmöglich ist, ihn zu beweisen oder zu widerlegen.

Shroders persönliche Schlussfolgerungen nach seinen Reisen mit Stevenson verdienen es, hier erwähnt zu werden. Der etwas skeptische Materialismus, der seine Sichtweise anfangs bestimmte, war durch die Menschen, die er kennen gelernt hatte, zutiefst erschüttert worden. Allerdings bedeutet das nicht, dass er das, was er hörte und sah, für bare Münze nahm. Zu glauben, dass eine Persönlichkeit sich als eine andere reinkarniert, hält er als Erklärung für den tatsächlichen Vorgang für zu simpel und eindimensional.

> Diese Kinder sind nicht in erster Linie wegen ihrer Aussagen über die spezifischen Einzelheiten des Geschehens nach unserem Tode wichtig, sondern wegen ihrer Aussagen über die Funktionsweise der Welt – dass sie mysteriös ist, dass in ihr höhere Mächte am Werk sind, dass wir alle gewissermaßen durch Kräfte miteinander verbunden sind, die unser Fassungsvermögen bei weitem übersteigen – die aber für unser Leben definitiv nicht unwichtig sind.[98]

Die für die Realität der Wiedergeburt vorliegenden Beweise sind zwar nicht zwingend, aber zumindest zum Teil plausibel, und mit Hilfe erwiesenen Tatsachenwissens lassen sie sich kaum erklären. Zwar verweisen Skeptiker auf die große Zahl entlarvter Betrugsversuche, doch vermag diese Tatsache nicht alle vorliegenden Indizien für die Realität von Wiedergeburten zu entkräften. Weitere Erklärungsansätze sind jener der *Kryptomnesie* – Fälle, in denen jemand etwas über das

Leben eines anderen Menschen gehört, es aber vergessen hat; der Ansatz der *genetischen Erinnerung* – einer spekulativen Theorie darüber, dass die Erinnerungen von Eltern und Großeltern auf irgendeine Weise *genetisch* im Körper der Kinder *kodiert* werden; und schließlich die Theorie der *Retrokognition*, die besagt, dass jemand einen außersinnlichen Zugang zu Erinnerungen an Ereignisse haben kann, die in der Vergangenheit stattgefunden haben.

Einige dieser Erklärungen – die teilweise sogar von Wissenschaftlern vertreten werden – müssen als nicht weniger absonderlich oder unplausibel als die Theorie der Wiedergeburt selbst bezeichnet werden. Ein Grund dafür, dass einige Beobachter zu solchen Erklärungen Zuflucht genommen haben, ist das völlige Fehlen irgendeiner Vorstellung über die mögliche Beschaffenheit eines Mechanismus, der das Zustandekommen von Wiedergeburten erklären könnte. Dies mag ein übertriebenes Vorurteil gegen den Glauben an Wiedergeburten fördern; doch die vorliegenden Hinweise deuten darauf hin, dass es trotz des Fehlens eines plausiblen Modells nicht als unvernünftig erscheinen muss, in einem buchstäblicheren Sinne an die Realität von Wiedergeburten zu glauben; andererseits könnte man jemandem, der sich dieser Auffassung nicht anschließt, nicht vorwerfen, er weigere sich, unbestreitbare Fakten zur Kenntnis zu nehmen.

Damit fällt die Entscheidung wieder dem Einzelnen zu. Ob wir an Wiedergeburten glauben oder nicht, bleibt uns überlassen. Wichtiger als dies ist vielleicht, dass wir uns fragen, *weshalb* wir den Glauben an Wiedergeburten akzeptieren oder ablehnen und welche Implikationen unsere Überzeugung für die Art unserer gegenwärtigen Lebensführung hat.

Die ehrlichste Antwort auf die Frage nach der Realität der Wiedergeburten wäre vielleicht eine agnostische: Wir wissen es im Grunde nicht – wobei es bei emotionsbefrachteten Themen wie diesem nicht immer leicht ist, unparteiisch zu bleiben, weil das Gewicht unserer Konditionierung uns in die eine oder andere Richtung zieht. Aber selbst wenn wir die kleine Zahl von Fällen anerkennen würden, in denen jemand allem Anschein nach wiedergeboren wurde, müssten wir selbst nicht ebenfalls zwangsläufig wiedergeboren werden, denn es gibt nicht einmal einen auch nur im Entferntesten zwingenden Beweis dafür, dass *jeder* Mensch wiedergeboren wird.

Wenn wir uns also eingestehen müssen, dass wir im Grunde nicht wissen, ob wir wiedergeboren werden oder nicht, wo stehen wir dann? Dieser Zustand der Unsicherheit wirft uns auf die Realität *dieses* Lebens und die drängende Notwendigkeit zurück, uns mit der Art, wie wir *jetzt* leben, zu befassen; es kann keine Garantie dafür geben, was die Zukunft uns bringen wird. Wir wissen jetzt, dass wir uns Tag für Tag neu schaffen und dass wir unablässig eine Welt erbauen, die unseren Gewohnheiten entspricht. Den größten Teil unserer Aufmerksamkeit sollten wir ganz sicher auf die konkreten, praktischen Fragen und Probleme unseres alltäglichen Lebens richten, nicht auf die letztendlich unbeantwortbaren Rätselfragen über ein mögliches Leben nach dem gegenwärtigen. Arbeiten wir daran, unser eigenes Leben und das anderer zu verbessern, oder eher an einer Verschlechterung? Wir sollten uns hüten, uns durch Spekulationen über die Wiedergeburt von unserer grundlegenden Verantwortung, im Jetzt zu leben, ablenken zu lassen.

11

WORUM GEHT ES EIGENTLICH?

Zu beschreiben, wie der Buddhismus traditionell den Prozess der Wiedergeburt verstanden hat, und sogar festzustellen, wie dieses Verständnis in Übungs- und Organisationsformen wie dem Tulku-System zum Ausdruck gelangt ist, ist eine Sache, doch ist es etwas völlig anderes, all dies akzeptieren zu können. Ist die Wiedergeburt, so wie die buddhistische Tradition sie erklärt, von irgendwelchem Nutzen? Ist sie ein Widerspruch in sich? Ist sie nur eine Vorspiegelung? Ich werde mich im vorliegenden Kapitel mit einigen dieser Fragen beschäftigen und dadurch das potenzielle Bedeutungsspektrum des Konzepts der Wiedergeburt erweitern. Vorher jedoch möchte ich die Aufmerksamkeit auf einige Probleme lenken, die Menschen des Westens mit Vorstellungen über die Wiedergeburt haben können, insbesondere wenn sie die Welt der Menschen im Zusammenhang mit der Evolutionsgeschichte verstehen.

Wiedergeburt und Evolution

Die alten Inder lebten in einem zyklischen Kosmos, in dem sich nie viel veränderte. Sie hatten keine Vorstellung von Geschichte und davon, dass Kultur, Religion und Technik sich entwickeln können. Sie glaubten offenbar an ein mythisches Universum, dessen Zentrum der Berg Meru war; dieser war angeblich von vier Kontinenten umgeben, darunter auch unsere Welt. Natürlich beinhaltete »unsere Welt« nicht viel mehr als Indien – beispielsweise ganz sicher nicht Australien oder Amerika. Menschen hatte es dieser Sicht gemäß immer gegeben und würde es immer geben.

Natürlich kannten die Inder jener Frühzeit nicht Darwins Ideen über die Entwicklung der Arten. Die Evolutionstheorie hat das Denken des Menschen über sich selbst und seine Ursprünge revolutioniert. Im mittelalterlichen Europa hielt man den Menschen im Allgemeinen für ein einzigartiges Geschöpf, nach Gottes Ebenbild geschaffen und vom Tierreich völlig verschieden. Heute ist es kaum noch möglich, das Paradigma der Evolution abzustreiten, und obwohl es nicht alle Fragen beantwortet, sind einige seiner grundlegenden Erkenntnisse zu einem festen Bestandteil unseres Denkens über uns selbst geworden. Dies ist für die Lehre von der Wiedergeburt wichtig.

Wir haben gesehen, dass man über Wiedergeburt im traditionellen, individuellen Sinne eigentlich nur sprechen kann, wenn es sich um Wesen mit einem Selbstbewusstsein handelt, denn nur sie verfügen über moralisches Unterscheidungsvermögen. Trifft dies zu, kann das Phänomen der Wiedergeburt erst mit der Entstehung des Selbstbewusstseins aufgetaucht sein – und das ist noch nicht besonders lange her. Aber wie und warum ist die Wiedergeburt an diesem Punkt aufgetreten? Wie lässt sich die Vorstellung einer

Kontinuität von Leben zu Leben mit der Evolution vereinbaren?

Es gibt aber noch mehr Fragen, mit denen sich eine Theorie der Wiedergeburt auseinander setzen muss. Warum beispielsweise gibt es heute mehr menschliche Wesen als in früheren Zeiten? Wenn der Tod eines Menschen eine Wiedergeburt zur Folge hat, wie kann dann im Laufe der letzten zweihundert Jahre die Erdbevölkerung so dramatisch zugenommen haben? Müsste die Zahl der lebenden Menschen nicht eigentlich immer gleich bleiben? Eine mit den traditionellen Lehren im Einklang stehende Antwort auf diese Frage könnte lauten, dass Wesen aus anderen Bereichen als Menschen wiedergeboren werden. Ein neuerer Versuch, eine plausible Antwort auf diese Frage zu finden, lautet, die Bevölkerungsexplosion lasse sich mit dem Phänomen der Wiedergeburt durchaus vereinbaren, wenn die Zeit, die Verstorbene im Zwischenzustand nach dem Tode verbrächten, nicht als konstant angesehen werde. Nach dieser Theorie soll ein menschliches Bewusstsein in der Vergangenheit beispielsweise nur etwa alle tausend Jahre wiedergeboren worden sein, wohingegen die Wiedergeburten einander heute schneller folgen würden.[97] Falls diese Erklärung als überzeugend angesehen wird, was könnte dann die Ursache für die unterstellte Veränderung sein?

Es ist sogar eine noch »kosmischere« Erklärung vorstellbar. Individualisiertes Bewusstsein könnte sich heute häufiger manifestieren als früher. Einige Denker, darunter Hegel, glaubten, die Geschichte offenbare eine progressive Manifestation von Bewusstsein (oder Geist), und deshalb strebe die Evolution der völligen Manifestation des Selbstgewahrseins zu.

Nach dem obigen Hinweis auf Schwierigkeiten, mit denen man konfrontiert werden kann, wenn man sich dem Phänomen der Wiedergeburt von einer stark von der Evolutionstheorie beeinflussten Weltsicht her nähert, möchte ich mich nun Fragen zuwenden, die sich bei dem Versuch ergeben, zu ergründen, worauf die Wiedergeburt »hinausläuft«. Dabei geht es mir darum, zu erforschen, wie wir mit Hilfe von Ideen über die Wiedergeburt lernen könnten, kreativer zu leben.

Ist Wiedergeburt ein linearer Prozess?

Nach traditioneller Auffassung werden wir Leben um Leben wiedergeboren. Doch wenn die Lehre über *anātman* zutrifft, was für einen Sinn könnte es dann haben, zu sagen, dass »wir« wiedergeboren werden? Wir verändern uns ständig, wenn auch nur langsam, doch in einem Zeitraum von mehreren Leben – ganz zu schweigen von hunderten – ist die Veränderung, die wir durchlaufen, zweifellos beträchtlich. Welche Beziehung könnte also zwischen mir (heute) und meinem »Vorfahren-Ich« vor hundert Generationen bestehen? Manchmal fällt es mir schon schwer, eine enge Verbindung zwischen dem Ich meiner Kindheit und dem Ich meiner heutigen Existenz zu sehen. Soweit meine Erinnerungen zurückreichen, unterstelle ich, dass »ich« es war, der alle diese Dinge erlebt hat. Außerdem habe ich bestimmte habituelle Empfindungen und Sichtweisen geerbt. Doch das »Ich« meiner Kindheit erscheint mir bestenfalls als ein entfernter Verwandter, ganz sicher nicht als die gleiche Person wie ich in der Gegenwart. Zu sagen, es handle sich um die gleiche Person, würde ohnehin der Lehre von *anātman* widersprechen; allerdings gilt dies für die Behauptung, beide seien unterschiedlich, ebenfalls. Eine Kontinuität [zwischen den Ichs verschiedener Zeitpunkte] existiert zweifellos.

Diese Ambiguität bezüglich des Wesens der Identität führt uns unmittelbar ins Zentrum der Problematik jeder Auseinandersetzung mit Wiedergeburt, Kontinuität der Persönlichkeit und Identität. Zwar lehnt der Buddhismus, wie allgemein bekannt ist, die Idee einer unveränderlichen Seele ab, doch beinhaltet das nicht unbedingt auch, dass es kein Selbst gibt. Dies veranschaulicht ein Dialog zwischen dem Buddha und seinem Wandergefährten Vacchagotta.[100] Vacchagotta wendet sich mit einer Frage über das Wesen des Selbst an den Buddha. »Gibt es ein Selbst?« fragt er. Der Buddha schweigt. »Dann gibt es also kein Selbst?« Wieder schweigt der Buddha. Weil Vacchagotta keine Antwort erhält, steht er auf und geht, zweifellos enttäuscht und frustriert.

Kurz darauf nähert sich Ānanda, ein enger Schüler des Buddha, der diesen fragt, weshalb er Vacchagottas Fragen nicht beantwortet habe. Der Buddha antwortet, hätte er gesagt, es gebe ein Selbst, hätte sich seine Antwort nicht mit der Einsicht im Einklang befunden, dass alle Dinge frei von jedem Selbst (nicht-selbst) sind. Und hätte er gesagt, es gebe kein Selbst, wäre Vacchagotta verwirrt worden, denn er hätte dann da, wo vorher ein Selbst gewesen sei, nun keines mehr gehabt. Dieser Dialog zeigt, wie schwierig es ist, über die Natur des Selbst zu sprechen. Weder trifft zu, dass es ein Selbst gibt, noch wäre es angemessen, die Existenz eines Selbst völlig abzustreiten. Eine angemessene Antwort muss vielmehr dem Umstand Rechnung tragen, dass die Realität nicht ganz und gar vorstellbar ist.

Dieses Thema wird in einem anderen Dialog ausführlicher behandelt. Während der Buddha für sein tägliches Mahl Almosen sammelt, wird er von Kassapa, einem nackten Asketen, angesprochen, der sich offenbar intensiv mit dem Wesen des Leidens auseinander setzt.[101] »Verursachen Menschen ihr Leiden selbst?« fragt er. Der Buddha antwortet: »Nein.« – »Wird es dann von jemand anderem erzeugt?« – »Nein«, antwortet der Buddha wieder. »Wird es vom Betroffenen selbst zusammen mit jemand anderem erzeugt?«, fragt Kassapa weiter, allmählich ein wenig verärgert. Wieder verneint der Buddha. Daraufhin fragt Kassapa, nun etwas aufgebracht: »Entsteht Leiden rein zufällig?« Wieder antwortet der Buddha: »Nein.« Daraufhin Kassapa völlig verwirrt: »Wie verhält es sich denn dann? Gibt es kein Leiden?« Der Buddha antwortet: »Natürlich gibt es Leiden, aber es manifestiert sich in Abhängigkeit von bestimmten Bedingungen. Zu sagen, die Person, die dieses Leiden erlebt, sei die gleiche wie diejenige, die handelt, würde bedeuten, dass man in Eternalismus verfällt; doch wenn man sagt, der Handelnde unterscheide sich vom Erlebenden, verfällt man in den Annihilationismus.« Dem Buddha geht es darum, die beiden genannten extremen Sichtweisen zu meiden und dem von ihm so genannten Mittleren Weg zu folgen, was er konzeptuell in der Vorstellung der Bedingtheit zum Ausdruck bringt.

Eines der Probleme, die verbale Äußerungen über die Wiedergeburt mit sich bringen, ist, dass wir uns leicht eine subtile Vorstellung von einem dauerhaften Selbst zu Eigen machen, das über die verschiedenen Wiedergeburten hinweg Bestand hat und das »ich« ist. Der Buddhismus sagt jedoch ganz klar, dass es sich so nicht verhält. Zwischen einem Leben und dem nächsten besteht eine Bedingtheitsbeziehung: Wenn ein bestimmtes Wesen stirbt, wird ein anderes geboren. Die Verbindung zwischen beiden ist jedoch weder eine von absoluter Identität noch eine von absoluter Differenz, sondern eine der bedingten Manifestation.

Es ist schwierig, aus der »Ich werde nach dem Tode weiter existieren«-Geisteshaltung auszubrechen. Solange wir der Täuschung der Existenz eines festen Selbst unterliegen, ist ein solcher Ausbruch sogar wahrscheinlich völlig unmöglich. Wir können uns einfach nicht vorstellen, dass wir nicht existieren, denn selbst wenn wir dies versuchen, sind wir immer noch da. Es ist so, als würden wir uns vorzustellen versuchen, wie das Gras dann aussieht, wenn wir es *nicht* anschauen. Selbst wenn die Lehre von der Wiedergeburt eine sinnvolle Wahrheit beinhaltet, *können* wir diese nur missverstehen und falsch deuten, und zwar nicht nur auf Grund unserer Verblendung, sondern auch, weil das der Struktur unseres Geistes entspricht. Allerdings sind einige Verständnismodelle irreführender als andere, und eines, das einem allmählichen Verständnis der Wiedergeburt den Weg bereiten könnte, ist das der biologischen Fortpflanzung. Beim Fortpflanzungsprozess geben die Eltern an ihre Kinder Gene weiter, die deren Entwicklung beeinflussen. Gene enthalten Informationen, die das Embryo dazu veranlassen, sich zu einer bestimmten Art von Wesen zu entwickeln. Bei menschlichem Nachwuchs bewirken die Gene nicht nur, dass sich ein menschlicher Körper entwickelt, sondern auch, dass dieser eine bestimmte Augenfarbe, Haarfarbe, Knochenstruktur usw. aufweist. Obwohl die Gene all dies beeinflussen, wirkt sich auch die Umgebung entscheidend auf die Entwicklung aus. Werden Kinder beispielsweise schlecht ernährt, wachsen sie nicht im eigentlich notwendigen Maße.

Dieses Modell können wir auf Karma und Wiedergeburt übertragen. Statt uns vorzustellen, dass wir eine Wiedergeburt nach der anderen durchleben, können wir uns auch als Erben einer bestimmten genetischen Disposition verstehen, die jedoch eher karmisch als physisch ist (allerdings ist es unter Umständen schwierig, beides klar voneinander zu unterscheiden). Unsere karmischen »Gene« formen uns also: Wir neigen dazu, uns auf bestimmte Weisen zu verhalten, und wir haben einen bestimmten Charakter und eine bestimmte äußere Persönlichkeit. Unser karmisches Erbe ähnelt in gewissen Eigenarten unserem physischen Körper: Wir können unsere Größe oder unsere Hautfarbe nicht (oder zumindest *noch* nicht) wählen und ebenso wenig unseren Charakter oder unsere Persönlichkeit. Doch ebenso wie wir durch regelmäßiges Körpertraining und durch eine gesunde Lebensweise das Wohlbefinden unseres Körpers verbessern können, können wir durch engagierte spirituelle Übung erreichen, dass unser Charakter zum Ausdruck gelangt, ohne durch negative Attribute verzerrt zu werden. Je nach Qualität unserer Verwaltertätigkeit kann das karmische Erbe, das wir hinterlassen, für unsere Nachkommen [unsere späteren Existenzen] erheblich besser oder schlechter ausfallen. Wir können auf dem karmischen Sparkonto emotionale Einlagen einzahlen, wir können aber auch karmisches Kapital abheben.

Doch die Vorstellung von einer linearen Folge von Manifestation zu Manifestation, so wie ein Unternehmen manchmal innerhalb einer Familie über viele Generationen weitergeführt wird – wobei es erblühen oder scheitern kann –, repräsentiert nur eine mögliche Bedeutung des Phänomens der Wiedergeburt. Solange wir an der Vorstellung von einem kohärenten Selbst festhalten, und sei es auch eines sich ständig verändernden, werden wir auf einer linearen Aufeinanderfolge von Existenzen beharren – auf der Sichtweise, dass aus einem Leben ein anderes entsteht.

Vielleicht verhält es sich aber ganz und gar nicht so, und die Wiedergeburt ist kein individuelles und lineares Phänomen. Doch mit einer solchen Auffassung stellen wir ganz grundsätzlich infrage, dass wir unverwechselbare psychophysische Wesen sind, die mit Hilfe des Prozesses der Wiedergeburt etwas erzeugen, das sehr stark an sie selbst erinnert.

Die Physik hat nachgewiesen, dass wir nicht völlig von unserer Umgebung getrennt, sondern ein Teil von ihr sind – und dies entspricht der buddhistischen Sichtweise. Ohne unsere aktive Bemühung würde unser Körper degenerieren. Die Welt ist kein Puzzle aus einzelnen ineinander greifenden

Teilen, sondern ein unteilbares Ganzes, eine Gestalt, die wir aus praktischen Gründen in verschiedene Einheiten unterteilen. Tatsächlich jedoch gibt es keine Einzelteile, sondern nur ein unteilbares Ganzes, dem wir zugehören; einen absoluten Unterschied zwischen dem, was wir sind, und der Welt im Allgemeinen gibt es nicht. Wir könnten sagen, dass wir Zusammenballungen konzentrierter Energie sind. Vielleicht lässt sich dies besser mit Hilfe eines Bildes veranschaulichen. Stellen Sie sich Puddingpulver vor, das mit Milch vermischt wird. Wenn es Ihnen so geht wie mir, befinden sich in Ihrer Puddingmischung zunächst Klumpen. Diese sind sozusagen das Äquivalent für individualisierte Wesen, wohingegen die Flüssigkeit das allgemeine Bewusstsein repräsentiert. Die Klumpen haben einen gewissen Zusammenhalt, und sie lassen sich von der flüssigeren Masse unterscheiden, aber sie sind trotzdem Teil von ihr, und mit einem Rührbesen können wir sie so zerkleinern, dass sie völlig in der Mischung aufgehen. Vielleicht unterscheiden auch wir uns nicht gänzlich von anderen Wesen oder von der Welt, und wir können uns eines Tages wieder in den »kosmischen Pudding« hinein auflösen.

In der Realität gibt es keine harten Ränder. Unser Erleben gleicht eher einem Farbspektrum. Wo endet die eine Farbe und wo beginnt die andere? Könnten wir nicht, wenn wir keine absolut eigenständigen Wesen sind, mit anderen Wesen verschmelzen, oder können wir uns gar teilen und zu mehreren Wesen werden, so wie es bei den tibetischen Tulkus angeblich der Fall ist? Können wir die karmischen Erben mehrerer Wesen gleichzeitig statt nur eines einzigen sein, so wie ein Kind das genetische Erbe zweier Eltern in sich birgt? Wir haben uns bereits damit befasst, dass wir einander ständig beeinflussen – dass unsere Karmas sich auf das Leben anderer Menschen auswirken. Wir unterstellen im Allgemeinen, dass wir, wenn andere in Beziehung zu uns handeln, durch diesen

Kontakt *essenziell* unverändert bleiben – dass in uns ein unveränderlicher Kern existiert. Aber vielleicht ist das nicht so. Vielleicht – und dieser Gedanke mag ziemlich beängstigend wirken – werden andere, indem wir zu ihnen in Kontakt treten, in einem gewissen Maße *in uns verkörpert.* Insofern bin ich möglicherweise in einem durchaus nicht unerheblichen Maße die Summe aller Menschen, die ich jemals kennen gelernt habe, sowie ihres Einflusses auf mich. Natürlich ist der Einfluss, den die meisten Menschen auf uns haben (ihre »Verkörperung«), sehr subtil; doch gibt es in unserem Leben vermutlich eine oder zwei Beziehungen, die sich sehr stark darauf auswirken, wie wir sind und wie wir uns entwickeln. Vielleicht lernen wir zu denken wie unsere Freunde, Lehrer oder Eltern. Vielleicht entwickeln wir sogar die gleichen Geschmäcke, Gewohnheiten oder Interessen wie die Betreffenden und eignen uns ihre Stimmcharakteristik an, sodass wir das Gefühl haben, dass sie zu uns sprechen, uns Rat geben und sogar unsere Entscheidungen beeinflussen. Insofern *werden* wir in einem gewissen Sinne zu den Menschen, denen wir uns am nächsten fühlen.

In welchem Sinne sind wir dann von ihnen getrennt? Inwiefern sind wir »wir selbst«? Es wäre falsch, aus dem bisher Gesagten zu schließen, wir müßten zwangsläufig zu Klonen jener werden, denen wir uns nahe fühlen, so wie weicher Ton sich von allem prägen lässt, was man ihm aufdrückt. Wie stark andere unsere Entwicklung beeinflussen, hängt teilweise von ihrer Entschlossenheit, dies zu tun, ab und teilweise davon, wie sehr wir uns solchen Beeinflussungsversuchen widersetzen. Außerdem verläuft die Beeinflussung nicht nur in eine Richtung, sondern durch Kommunikation und soziale Interaktion modifizieren wir einander so, wie sich Kiesel in einer Scheuertrommel gegenseitig durch Reibung die rauen Oberflächen abschleifen.

Vielleicht entsteht die Täuschung, dass wir eine stabile Identität haben, die unser gesamtes Erleben kennzeichnet, aus einem Gefühl der Unsicherheit. Es wäre zwar beruhigend, eine robuste Identität zu haben, die sich den Einflüssen der Welt zu widersetzen vermag, doch wir haben sie nun einmal nicht. Ob subtil oder deutlich, Geist, Gedanken und Wünsche anderer Menschen werden in uns verkörpert. Dies kann starke Angst hervorrufen; es kann auf uns so wirken, als gefährde die »Festigkeit« anderer unser fragiles Identitätsgefühl ständig. Unser Geist verändert sich von Augenblick zu Augenblick; er erscheint uns so fantastisch, so unwirklich; und manchmal fühlen wir uns so »dünn«, und wir schauen zu anderen auf, die auf uns als so charakteristisch, beständig und »dick« wirken (wobei die Betreffenden sich innerlich genauso »dünn« fühlen mögen wie wir). Insofern ist es kaum verwunderlich, dass wir zu einer Sichtweise Zuflucht nehmen, derzufolge es tief in uns etwas Stabiles und Unveränderliches gibt, das definiert, wer wir sind. Doch wir brauchen uns nicht davor zu fürchten, dass der Geist anderer einen starken Einfluss darauf ausübt, wer und was wir selbst zu sein glauben. Weil andere Menschen in uns »verkörpert« werden können, vermögen wir ihre edlen Gefühle, Einstellungen und Aktivitäten nachzuahmen. Weil wir lernen können, den Buddha zu »channeln«, können wir spirituell erwachen. Könnten andere Menschen unseren Geist nicht beeinflussen, befänden wir uns in einer ziemlich starren Situation.

Die Vorstellung, dass der Geist anderer Menschen in uns wiederverkörpert werden kann, klingt in der vom Biologen Richard Dawkins entwickelten Idee der »Meme« an.[100] Ein Mem ist eine Einheit kultureller Artefakte – beispielsweise eine Idee, ein Musikstück oder ein Gedicht – die von Mensch zu Mensch übermittelt werden kann. Dawkins versucht, mit

Hilfe des Konzepts der Meme zu erklären, wie Kultur tradiert wird, und er ist der Auffassung, man könne sie als Grundelemente einer neuen Form der Evolution verstehen.

> [Meme] verbreiten sich im Mem-Pool, indem sie von Gehirn zu Gehirn überspringen, vermittelt durch einen Prozess, den man im weitesten Sinne als Imitation bezeichnen kann. Wenn jemand ein fruchtbares Mem in meinen Geist einpflanzt, so setzt er mir im wahrsten Sinne des Wortes einen Parasiten ins Gehirn.[103]

Mit unseren Ideen, Gedanken und Emotionen *kolonisieren* wir unablässig das Bewusstsein anderer Menschen, und falls unsere eigenen Meme in einem anderen Wurzeln schlagen, können sie eine signifikante Transformation bewirken. Für Dawkins liegt der Schlüssel für das Überleben jeder Art in ihrer Fähigkeit, sich fortzupflanzen. Meme pflanzen sich durch Nachahmung fort – vielleicht sollte man besser von Emulation sprechen. Doch der Einfluss der Meme basiert nicht nur auf unmittelbarem Erleben der Gegenwart anderer Menschen; sie werden auch in Büchern, Gemälden und Skulpturen verkörpert. Wenn wir beispielsweise den Philosophen Heidegger lesen (man beachte, dass wir uns angewöhnt haben, zu sagen, wir läsen »ihn«, also nicht nur sein Werk), können die Meme dieses Philosophen uns beeinflussen, und wir können auf diese Weise sogar Zugang zu seinem Geist erlangen. Wenn wir uns den Geist eines Menschen als eine Folge mentaler Ereignisse oder räumlicher Plateaus vorstellen statt als beständige organische Wesenheit, können wir – zumindest für einige erleuchtete Augenblicke – zu Heidegger »werden«. Eine von Heideggers wichtigsten Ideen war die Vorstellung der »Lichtung« (so wie wir sie in einem Wald finden), und möglicherweise gelingt es uns, durch das Lesen von Heideggers Schriften und das Nachdenken über seine Ideen, die Lichtung zu betreten, die sein Geist war (oder ist?). Ähnliches können auch andere kulturelle Medien bewirken. Als ich einmal das Van-Gogh-Museum in Amsterdam besuchte, hatte ich das Gefühl, durch die Gemälde hindurch einen privilegierten Zugang zum Geist des Künstlers zu erhalten. Ich empfand diesen Geist gleichzeitig als wunderbar und als beängstigend, weil kein Zweifel daran bestand, dass irgendetwas an Van Goghs Wahrnehmung verrückt war, so lebendig sie auch sein mochte. So kann ein Künstler noch nach seinem Tode einen transformierenden Einfluss auf uns haben und uns »kolonisieren«. Dies ist ganz sicher eine sehr wirkkräftige Art, auf die einige außergewöhnliche Wesen wiederverkörpert werden. Es ist möglich, sich in Kommunikation mit einem Geist zu erleben, der oberflächlich betrachtet vor Jahrhunderten »gestorben« ist. Daran ist ganz gewiss etwas Wundervolles.

Wir können die Wiedergeburt also auch als Metapher verstehen, die vermittelt, wie unser Verhalten sich bis weit in die Zukunft auswirken kann, vielleicht wesentlich weiter, als wir uns jemals vorgestellt hätten. In diesem Zusammenhang fällt mir als verblüffendes Beispiel der Forscher Ernest Shackleton ein, der in seinem Leben in vielerlei Hinsicht ein Versager war. Er verlor nicht nur den Wettlauf zum Südpol, sondern musste außerdem mehrere seiner Expeditionen vorzeitig abbrechen. Trotzdem halten viele diesen vom Pech Verfolgten für ein Musterbeispiel heldenhaften Mutes und bahnbrechender Führungsqualitäten. Shackletons oberstes Prinzip war, für das Wohlergehen seiner Leute zu sorgen, und er verwendete ungeheure Mühe darauf, sie zu retten, wozu er unter anderem hunderte von Meilen über die Scotia Sea (Südantillenmeer) ruderte. Shackleton verkörpert den Triumph seelisch-geistiger Kraft und der Kameradschaft in extrem schwierigen Situationen. Deshalb erscheint er uns rückblickend in zunehmendem Maße als heldenhaft. Jedes Mal, wenn irgendjemand etwas über Shackleton liest und dadurch zu einer mutigen und heroische Ausdauer erfordernden Handlung inspiriert wird, atmet Shackleton im Verhalten des Betreffenden – sein Geist wird wiederbelebt. Paradoxerweise hat Shackleton, seit er tot ist, wahrscheinlich andere Menschen wesentlich stärker beeinflusst als jemals in seinem Leben.

In diesem Sinne können wir die Wiedergeburt als »Gedankenexperiment« benutzen: Wir stellen uns vor, dass unsere Handlungen in Zukunft in einer Art Domino-Effekt auf die Welt wirken, sogar noch nach unserem Tode. Was für ein Erbe wollen wir dieser Welt hinterlassen? Was für eine Art von Beispiel bieten wir anderen Wesen an? Eine solche imaginierte Reise in die Zukunft kann bewirken, dass wir alles, was wir zu unternehmen beabsichtigen, oder sogar unser Leben insgesamt klarer sehen. Zwar werden wohl nur wenige von uns einmal einen so großen Einfluss auf andere Menschen haben wie Shackleton oder Heidegger, doch wirken wir alle zumindest auf das Leben einiger Menschen sehr prägend; unser Leben wird durch das ihre resonieren, so wie eine Glocke widerhallt. Und jene, deren Leben wir beeinflusst haben, werden diesen Einfluss ihrerseits auf andere übertragen. Je mehr Gedanken wir uns über den gegenwärtigen Augenblick machen, umso bewusster wird uns seine Gewichtigkeit – wie unser Verhalten unwiderruflich zur Entstehung der Zukunft beiträgt, ob zum Guten oder zum Schlechten – und umso klarer wird uns die ungeheure Verantwortung, die wir auf Grund unserer Teilhabe an der Welt tragen. Dieser Verantwortung können wir nicht entkommen, denn selbst wenn wir Selbstmord begehen würden, hätte dies Folgen für andere Menschen.

Der Knopfgießer

Wir verkörpern nicht nur das Zusammenfließen verschiedener karmischer Ströme oder mehrerer Teile solcher Ströme, sondern wir können außerdem im Augenblick des Todes kraft unseres Willens in ein großes karmisches Meer fließen und unsere Identität für immer verlieren. Natürlich ist diese Möglichkeit, »sich zu verlieren«, sehr beängstigend. Niemandem behagt die Vorstellung, mit allem anderen vermischt zu werden. Doch wie könnte etwas anderes als das passieren? Schließlich ergeht es uns genau so auch mit unserem Körper: Er löst sich in die Elemente auf. Weshalb also sollte unser Geist seine separate Form behalten? Henrik Ibsens Schauspiel *Peer Gynt* schließt mit einer finsteren Metapher, die eben diese Möglichkeit in Betracht zieht. Peer, der in seinem Leben nie etwas wirklich Wichtiges getan hat, begegnet einer Gestalt, die »der Knopfgießer« genannt wird und die darauf beharrt, es sei Peers Bestimmung, in den »Ausschusstopf« zurückzukehren, weil sein Leben ohne jede Bedeutung geblieben sei. Seine Seele werde eingeschmolzen und als Rohmaterial für die Schöpfung neuer Seelen benutzt werden. Der Knopfgießer sagt zu Peer:

> Du warst nun gedacht als ein blinkender Knopf
> Auf der Weste der Welt; doch die Öse misslang.
> So musst du denn, Freund, in den Ausschusstopf
> – Und nimmst wieder in die Masse den Gang.[104]

Weil Peer ein so mittelmäßiges Leben geführt hat, weder ein besonders gutes noch ein besonders schlechtes, soll er wieder »eingeschmolzen« werden. Er ist es nicht einmal wert, in der Hölle zu enden. Diese Metapher erscheint mir als psychologisch sehr einleuchtend, allerdings auch als ziemlich Furcht erregend. Wenn wir aus unserem Leben nichts machen, wenn wir keine speziellen Qualitäten entwickeln, keine deutlich unterscheidbare Individualität, keine klar erkennbare Richtung, was von uns soll dann über unseren Tod hinaus Bestand haben? Vielleicht ist dies also eine Lektion für uns. Weil wir, wie der Vajrayāna-Buddhismus sagen würde, in den Genuss dieser kostbaren Gelegenheit einer Existenz als Mensch gekommen sind, sollten wir diese nutzen, denn ob wir sie noch einmal erhalten werden, steht in den Sternen. Uns wurde jenes geheimnisvolle Etwas eines individuellen Bewusstseins geschenkt, das Entscheidungen treffen, seine eigene Zukunft gestalten und zum Wohl oder Wehe der Menschheit beitragen kann. Ausgedrückt im Sinne einer traditionellen buddhistischen Metapher haben wir ein Juwel von unschätzbarem Wert erhalten. Werden wir es in Ehren halten oder es achtlos wegwerfen?

Gewiss sollten wir uns hüten, die buddhistische Lehre von der Wiedergeburt weiterhin als psychische Stütze zur Linderung unserer Angst vor Selbstauflösung zu benutzen. Die Vorstellung, eines Tages nicht mehr zu existieren, empfinden viele Menschen als entsetzlich, und es ist sicher von Nutzen, einmal darüber nachzudenken, warum das so ist. Eine Erklärung wäre, dass die Betreffenden tief innerlich das Gefühl haben, ihr Leben sei belanglos, weil sie darin noch nichts wirklich Wertvolles getan hätten. Im Sinne eines Gleichnisses aus der Bibel haben sie ihre Talente vergraben, statt sie durch Anstrengung und Unternehmungsgeist zu mehren.[105] Vielleicht gibt es nichts Tragischeres, als sich im Laufe eines Lebens nicht über die Bedeutung dieses Lebens klar zu werden.

12

IST WIEDERGEBURT WICHTIG?

Karma und Wiedergeburt waren Bestandteile des kulturellen Erbes, mit dem die ersten Buddhisten im alten Indien konfrontiert wurden. Viele heutige Menschen der westlichen Welt – und auch einige, die im Osten leben – können diese Ideen nicht mit ihrem Verständnis der Funktionsweise des Universums vereinbaren, zumindest soweit es sich um die traditionellen Darstellungen dieser Ideen handelt.

Der frühe Buddhismus sprach über *Karma* und Wiedergeburt mit zwei Stimmen. Zunächst bot er ein ziemlich grobes und simples Modell an, das der Tatsache des Leidens gerecht wurde und die Menschen dazu anspornte, aus Furcht vor einer ungünstigen Wiedergeburt und auf Grund der Aussicht auf eine günstige ein moralisch positives Leben zu führen. Er bot eine hübsch ordentliche und sogar »ausgewogene« Sichtweise an, derzufolge das Gute stets belohnt und das Böse stets bestraft wird. Doch wie die traditionellen christlichen Beschreibungen des Himmels und der Hölle erwies sich auch diese Darstellung von *Karma* und Wiedergeburt als ein ziemlich stumpfes Werkzeug. Wie wir gesehen haben, greift dieses Modell stark auf vorbuddhistische Ideen zurück, und seine Begrenztheit verrät diesen Ursprung.

Später äußerte sich der Buddhismus über *Karma* subtiler und mit größerem psychologischem Gespür. Diese zweite Darstellung hat gegenüber der ursprünglichen deutliche Vorteile. Durch jede Entscheidung – ob wir sie explizit zum Ausdruck bringen oder nicht –, verändern wir unseren Charakter. Durch heilsame Entscheidungen erzeugen wir kreative Gewohnheiten, durch unheilsame hingegen lassen wir nicht nur positive Impulse verkümmern sondern fördern außerdem destruktive. Zum Guten wie zum Schlechten erneuern wir uns ständig, sogar durch jeden flüchtigen Gedanken.

Doch mit der unablässigen Veränderung unseres Charakters verändern wir auch unsere Art, zur Welt in Beziehung zu treten – unser Erleben der Welt verändert sich. In einem wichtigen Sinne ist unsere Welt eine Schöpfung unseres Geistes. Ein Teil davon ist die Art, wie wir die Reaktionen anderer auf uns beeinflussen. Doch wie wir in diesem Buch gesehen haben, spricht die zweite Stimme weniger dogmatisch als die erste und lässt viele Variationen, Ausnahmen und sogar Anomalien zu. Dies mag einigen als unbefriedigend erscheinen, aber vielleicht spiegelt es die wahre Komplexität des Erlebens.

Es ist nicht schwer, die Lehre über *Karma*, so wie die zweite Stimme sie zum Ausdruck bringt, zu akzeptieren. Wir alle sehen, wie sich Menschen durch das, was sie tun, und durch die Entscheidungen, die sie treffen, verändern. Ebenso deutlich ist, wie dies ihre Sicht der Welt und die Reaktion anderer auf sie prägt. Mit der Wiedergeburt jedoch verhält es sich anders. Diese Idee zu akzeptieren ist für unsere Vorstellungskraft eine gewaltige Herausforderung. Abgesehen davon, dass sie sich nicht ohne Weiteres verifizieren lässt, wirft sie auch Fragen auf, die der traditionelle Buddhismus nicht zufrieden stellend beantwortet hat.

Brauchen wir die Wiedergeburt?

Sind die buddhistischen Lehren über die Wiedergeburt, wenn man sich ihre kulturellen Ursprünge vergegenwärtigt, für die moderne Welt noch von Belang? Wäre der Buddhismus aus einer anderen Kultur hervorgegangen, hätte er sich dann überhaupt zur Wiedergeburt geäußert? Solche Fragen laden uns ein, uns damit zu beschäftigen, was die buddhistischen Lehren zu bewirken streben. Zielen sie auf eine möglichst akkurate Beschreibung der Realität, oder sind sie rein pragmatisch zu verstehen? Erklärtes Ziel des Buddha war es, Menschen zur spirituellen Befreiung zu geleiten, zur Freiheit von allen einschränkenden Überzeugungen und Gewohnheiten, zur Überwindung des Leidens. Er wollte ihnen helfen, jenes spirituelle Erwachen zu erreichen, dessen er sich erfreute; es ging ihm also nicht darum, sie mit einem System von Ideen zu indoktrinieren. Möglicherweise hat er sich zur Wiedergeburt geäußert, weil diese Idee den Menschen seiner Zeit für sich und ihre Zukunft als wichtig erschien; schließlich musste er seinen Zeitgenossen verständlich machen, was ihm am Herzen lag.

Obgleich die Wiedergeburt in der damaligen Zeit für eine Tatsache gehalten wurde, argumentierte der traditionelle Buddhismus kaum zu ihren Gunsten. Heute leben wir in einem völlig anderen kulturellen Klima, in dem die Wiedergeburt keineswegs allgemein als Realität anerkannt wird. Deshalb müssen entweder absolut zwingende Argumente für sie gefunden oder die Frage nach Sinn oder Unsinn dieser Idee sollte offen gelassen werden. Ist der Glaube an die Wiedergeburt eine unverzichtbare Voraussetzung für eine sinnvolle buddhistische Praxis? Obwohl einige buddhistische Traditionalisten diese Frage wohl mit einem nachdrücklichen »ja« beantworten würden, scheint mir persönlich die angemessene Antwort eher »nein« zu lauten. Ein pragmatischer

Blick auf die Vorstellung der Wiedergeburt mag helfen, dies zu klären.

Der Buddhismus ist eine praxisorientierte Religion; Fortschritt besteht für ihn nicht im zufriedenen Akzeptieren altehrwürdiger Dogmen, sondern in der realen spirituellen Entwicklung: in der Überwindung von Selbstbezogenheit, Hass und Mangel an Gewahrsein. Überzeugungen sind in diesem Zusammenhang insofern wichtig, als sie diesen Fortschritt fördern; tun sie das nicht, müssen sie deshalb nicht unbedingt unzutreffend sein, sondern sie gehen einfach an dem, worum es geht, vorbei. Wie also könnte uns der Glaube an die Wiedergeburt helfen, uns zu entwickeln? In früheren Zeiten fungierte die Furcht vor einer ungünstigen Wiedergeburt nicht nur als Ansporn für die spirituelle Übung, sondern auch als Mittel sozialer Kontrolle. Die Menschen glaubten damals tatsächlich, dass sie wiedergeboren würden und dass böse Taten späteres Leiden nach sich zöge. Die buddhistische Überlieferung beschreibt sehr ausführlich, in welche schrecklichen Situationen jene geraten, die ein unmoralisches Leben führen. Somit fungierte die Idee der Wiedergeburt als eine Art Drohung, die die Menschen dazu anspornte, ihr Leben zu verändern. Auf einer subtileren Ebene veranschaulicht sie, welche Auswirkungen unsere Handlungen über unser eigenes Leben und sogar unseren Tod hinaus haben. Wie wir uns verhalten, *ist* wichtig, und es *wird* die Zukunft beeinflussen, ganz gleich, ob wir selbst dies noch miterleben oder nicht. Deshalb ermöglicht uns die Idee der Wiedergeburt, die Bedeutung unserer Handlungen zu erkennen. Wir können aus dem Leben nicht »aussteigen«; wir beeinflussen den Lauf der Dinge, ob zum Guten oder zum Schlechten.

Trotz der radikalen Einsicht des Buddha, dass ein Karma eine Willensmanifestation *(cetanā)* ist und dass man die Folgen der eigenen Handlungen im gegenwärtigen Leben ernten kann, verstehen die frühbuddhistischen Schriften die karmischen Folgen als etwas, das sich nach dem Tode manifestiert. Demnach wird ein Mensch, der ein heilsames Leben führt, in einem Glück verheißenden Daseinsbereich wiedergeboren; führt jemand ein unheilsames Leben, erwartet ihn eine Wiedergeburt in einem vom Leiden beherrschten Bereich. Offensichtlich glaubten die frühen Buddhisten, ohne Angst vor Vergeltung nach dem Tode sähen die Menschen keinen plausiblen Grund, sich heilsam zu verhalten, einfach weil sie die Gefahren unheilsamer Motivationen nicht erkennen würden.[106] Die Lehre des Nihilismus *(natthikavāda)*, die in den buddhistischen Schriften kritisiert wird, streitet nicht nur das Stattfinden einer Wiedergeburt ab, sondern spricht sich auch grundsätzlich gegen die Idee des Karmas aus. Ein Leben nach dem Tode scheint ein fester Bestandteil der frühbuddhistischen Vorstellung von der Wirkungsweise des Karmas gewesen zu sein. Beide gelten als untrennbar miteinander verbunden, was aber keineswegs so sein muss.

Wenn wir nicht an eine Bestrafung oder Belohnung nach dem Tode glauben, bleibt uns dann wirklich jede Motivation, ein heilbringendes Leben zu führen, verschlossen? Das Wichtigste scheint mir in diesem Fall, dass wir etwas anderes finden, das uns anspornt, unser Leben zu verändern. Wenn wir einen starken Willen entwickeln, heilbringend leben und nach spiritueller Einsicht streben, könnte sich die Idee der Wiedergeburt als unwichtig erweisen. Doch wenn wir die Angst vor einer Bestrafung nach dem Tode ausklammern, müssen wir einen anderen emotionalen Brennstoff finden, der uns antreibt, unseren Weg zu gehen. Wir müssen uns vergegenwärtigen, dass die spirituelle Übung uns hilft, uns in diesem Leben vom Leiden zu befreien, und dass sie uns zu einem glücklicheren und erfüllteren Dasein verhilft. Außerdem müssen wir begreifen, dass es schmerzliche Konsequenzen für uns hat, wenn wir uns nicht um unsere Spiritualität kümmern. Dies erfordert eine subtilere und positivere Grundlage für die spirituelle Übung als Angst vor Bestrafung.

Eine solche Grundlage beinhaltet der Pali-Begriff *saṃvega*, der sich nur schwer übersetzen lässt. Er verweist erstens auf die Realisation, dass das Leben, so wie Menschen es normalerweise leben, nutzlos und sinnlos ist, und zweitens darauf, dass es närrisch und selbstgefällig von uns war, ein Leben in so tiefreichender Ignoranz zuzulassen. Außerdem vermittelt er das Gefühl, dass wir dringend einen Weg aus dem sinnlosen Zyklus nicht-spirituellen Lebens finden müssen.[107] Diese letzte Dimension des Erlebens von *saṃvega* ist besonders wichtig, denn sie ist der Treibstoff, der uns anspornt, einen Weg zu finden. Die Tatsache, dass es einen Weg gibt, der uns aus unserer Zwangslage führt, und dass wir kreativ auf diese reagieren können, führt uns auf den Weg zum spirituellen Engagement und rettet uns vor existenzieller Verzweiflung.

Vielleicht wird ein spirituelles Leben nur auf der Grundlage eines tiefen Erlebens von *saṃvega* zu einer realen Möglichkeit. Solange uns nicht klar ist, dass es unserem Leben an etwas fehlt, brauchen wir keinen spirituellen Pfad; solange wir nicht erkennen, dass wir gefangen sind, wollen wir wahrscheinlich auch nicht fliehen. Der Philosoph Ludwig Wittgenstein hat dies sehr treffend zum Ausdruck gebracht:

> Es wäre, als ließe mich jemand auf der einen Seite meine hoffnungslose Lage sehen, auf der andern stellte er mir das Rettungswerkzeug dar, bis ich, aus eigenem Antrieb oder doch jedenfalls nicht von dem Instructor an der Hand geführt, auf das zustürzte und es ergreife.[108]

Ich habe einige Male Menschen die Ansicht äußern hören, wenn es keine Wiedergeburt gäbe und wir nicht in der Hölle oder als Tiere wiedergeboren werden könnten, hätten wir keinen Grund, uns moralisch zu verhalten und uns spirituell zu entwickeln. Es fällt mir schwer, diese Einstellung zu verstehen, weil das Leiden, mit dem ich in diesem Leben konfrontiert werde, und das Gefühl der Nutzlosigkeit und Leere, das mich manchmal ergreift, völlig ausreichen, um mich zu motivieren, mich um meine Existenz zu kümmern. Als die Institutionen zur Steuerung des gesellschaftlichen Lebens noch erheblich primitiver waren als heute, mag die »kosmische Androhung« von Höllenstrafen erforderlich gewesen sein, um die Menschheit anzuspornen, den geraden und schmalen Pfad der Tugend zu gehen (wobei diesem Bemühen auch damals schon kein genereller Erfolg beschieden war). Aber brauchen wir wirklich immer noch die Angst vor der Hölle als Ansporn für Veränderungen unserer Lebensführung? Wir können schon in diesem Leben die Hölle erleben. Wenn wir uns auch nur für einen Augenblick vergegenwärtigen, was einige Menschen durchgemacht haben – beispielsweise den Holocaust –, müssen wir uns doch fragen, ob wir uns wirklich etwas noch Schlimmeres vorstellen können. Himmel und Hölle stehen uns in diesem Augenblick offen; wir brauchen sie uns nicht als Orte vorzustellen, an die wir nach unserem Tode gelangen.

Wenn es uns auf irgendeine Weise gelingt, uns zur Entwicklung heilsamer und zur Ausmerzung unheilsamer geistiger Zustände zu motivieren, können wir den Pfad der spirituellen Transformation beschreiten. Überzeugungen bezüglich der Wiedergeburt haben damit nicht unbedingt etwas zu tun. Und das ist wohl eine der besten Eigenschaften des Buddhismus: Wir brauchen keinen kompletten Katechismus nicht verifizierbarer Dogmen zu übernehmen, um mit der spirituellen Übung beginnen zu können. Dies ist deshalb sehr wichtig, weil die Gefahr besteht, dass die relativ große Übereinstimmung unserer Überzeugungen mit den traditionellen

Lehren als Maßstab dafür angesehen wird, wie »gute« Buddhisten wir sind. Doch wir werden keine besseren Buddhisten, indem wir uns traditionelle buddhistische Dogmen unkritisch zu Eigen machen, sondern nur durch die Entwicklung von Weisheit und Mitgefühl.

Ein vordergründig bestechendes Argument, das manchmal zur Verteidigung der Wiedergeburt angeführt wird, lautet, wenn man diese Idee ablehne, komme das einer Infragestellung des Prinzips der Entstehung in Abhängigkeit gleich. Wir hätten einen gewissen »bewussten Impuls«, und dieser könne ja wohl nicht einfach so verschwinden. Wie denn nichts aus etwas hervorgehen könne? Diese Argumentationskette ist ziemlich schwach, weil sie von der Annahme ausgeht, dass unser Bewusstsein von unserem physischen Körper unabhängig ist und ohne diesen überleben kann. Doch genau das ist ja die strittige Frage. Das Prinzip der Entstehung in Abhängigkeit besagt, dass alle Dinge in Abhängigkeit von bestimmten Bedingungen (oder Voraussetzungen) entstehen und dass die Dinge vergehen, wenn die Bedingungen, auf denen zuvor ihre Entstehung beruhte, wegfallen. Falls das Überleben des individuellen Bewusstseins vom Körper abhängig ist, zerfällt es im Augenblick des physischen Todes. Wohl niemand würde darauf beharren, dass es der Konditionalität widerspreche, zu sagen, ein Regenbogen verschwinde, wenn es zu regnen aufhöre. Wir brauchen uns für diesen Fall nicht vorzustellen, dass der Regenbogen auf irgendeine Weise »fortbesteht«.

Was ist, wenn es keine Wiedergeburt gibt?

Hat es entscheidende Auswirkungen auf den Buddhismus insgesamt, wenn die Idee der Wiedergeburt nichts weiter als ein altindischer Aberglauben ist? Alles bisher Gesagte könnte den Eindruck erwecken, dies habe keine Auswirkungen; ich glaube jedoch, dass es sich niederschlagen würde. Erstens: Wenn es keine Wiedergeburt gibt, müssen Inhalt und Umfang der buddhistischen Zielsetzung neu definiert werden. Beispielsweise wird eine der in den frühen Schriften am häufigsten vorkommenden Arten, das spirituelle Erkennen des Buddha zu beschreiben, die »drei Wissen« *(tevijja)* genannt.[109] Nach dieser Formel waren für die Realisation des Buddha drei Dinge wichtig: die Fähigkeit, sich an zahlreiche frühere Leben zu erinnern, die Fähigkeit, mit dem eigenen Himmlischen Auge das Vergehen und Wiedererscheinen der Wesen zu sehen, und zu verstehen, wie Wesen ihren Taten entsprechend weiter existieren, und schließlich, mit direktem Wissen *(abhiññā)* zu sehen, dass er alle negativen inneren Antriebe zerstört hat.[110]

Zumindest für die frühbuddhistische Überlieferung war das Verständnis der Wiedergeburt also eine wichtige Dimension des Erwachensprozesses. Merkwürdig an der Formel der drei Wissen ist, dass die ersten beiden nicht der einzige Verweilort spirituell erwachter Wesen sind, sondern dass sie übernatürliche Kräfte sein sollen, die man durch meditative Konzentration entwickeln kann. Mit anderen Worten: Nur das dritte Wissen, die Zerstörung negativer innerer Antriebe, ist in einzigartiger Weise charakteristisch für das Ziel buddhistischer Übung. Deshalb frage ich mich, weshalb die anderen beiden überhaupt so exponiert erwähnt werden. Die Erwähnung eines dreifachen Wissens ist eindeutig eine Persiflage auf das brahmanische Ideal, in dessen Zentrum ebenfalls drei Wissensarten standen. Diese waren die Vedas, die mündlich überlieferten Texte. Indem die buddhistische Tradition der persönlichen spirituellen Einsicht gegenüber der Autorität des Textes den Vorrang gab, entwickelte sie ein neues Verständnis von Wissen, nämlich als etwas, das ein Individuum realisierte, statt als etwas, das man von Älteren hörte und auswendig lernte. Dies könnte die starke Hervorhebung der ersten beiden der drei buddhistischen Wissen in frühen Texten erklären: Diese Formel wurde zu einem Kürzel für ein spirituelles Erleben, das vielen schon als recht fern erschienen sein mag. Da nur die Zerstörung aller negativen inneren Antriebe ein für spirituelles Erwachen einzigartiges Wissen ist, kann man annehmen, dass diese spezielle Eigenschaft die grundlegende Natur jenes Erlebnisses in stärkerem Maße offenbart als die beiden anderen.

Eine weitere Möglichkeit ist, die drei Wissen, obwohl sie allem Anschein nach als buchstäbliche Realisationen beschrieben werden, metaphorisch zu verstehen. Bei dieser Lesart könnte das erste Wissen darauf hindeuten, wie der Buddha tiefe Einsicht in seinen eigenen Charakter erlangte. Weil er sieht, wie sein früheres Verhalten die Person geformt hat, die er jetzt ist, sind seine Gewohnheitsmuster für ihn völlig transparent geworden. Das zweite Wissen weist darauf hin, wie der Buddha verstand, auf welche Weise andere sich und ihre Zukunft konditionieren. Dadurch vermag er den Charakter anderer zu lesen und nicht nur zu verstehen, was ihr Ausgangspunkt war, sondern auch, auf was sie zustrebten. Das dritte Wissen bezeugt die Selbstmeisterung des Buddha: Er hat die Herrschaft über sich erlangt, weil er völlig bewusst ist, also nicht durch unbewusste Wünsche und Gewohnheiten angetrieben.

Wenn wir die Wiedergeburt, so wie sie gewöhnlich verstanden wird, verwerfen, müssen wir die traditionelle buddhistische Beschreibung unseres menschlichen Dilemmas und des Wesens spiritueller Bemühung überprüfen. Es geht für uns dann nicht mehr um die Befreiung vom Kreislauf der Wiedergeburten, sondern wir streben danach, unsere spirituellen Fesseln schon in diesem Leben abzuwerfen. Dies ist zwar eigentlich keine besonders beunruhigende Veränderung, aber viele traditionelle buddhistische Schriften beschreiben die Zielsetzung buddhistischer Übung in kosmischen Dimensionen: Sie bezeichnen sie als etwas, woran man über viele tausende von Leben arbeiten muss. Wenn wir nur ein Leben haben, müssen wir uns ziemlich sputen, denn die Zeit ist sehr knapp. Dies kann sich insofern positiv auswirken, als es ein Gefühl der Dringlichkeit erzeugt und uns die Kostbarkeit des gegenwärtigen Augenblicks stärker würdigen lässt. Hätten wir noch tausende von Leben vor uns, könnten wir versucht sein, in Selbstzufriedenheit zu verfallen und unsere spirituellen Bemühungen zu vernachlässigen. Ziehen wir die Aufmerksamkeit von der Möglichkeit zukünftiger Leben ab, können wir uns stärker auf die Gegenwart konzentrieren. Der buddhistische Heilige wird dann menschlicher, statt wie ein kosmischer Superman zu wirken: Wir *können* ihn (oder sie) dann tatsächlich nachahmen, statt ihn nur ehrfürchtig zu bestaunen.

Doch eine grundsätzliche Ablehnung der Wiedergeburt stellt auch infrage, in welchem Rahmen wir die spirituelle Einsicht des Buddha sehen müssen. Zwar sind einige Wissenschaftler der Meinung, der Buddha habe sich eigentlich gar nicht bestätigend zur Wiedergeburt geäußert, doch muss man sich in diesem Zusammenhang vergegenwärtigen, dass man das Gleiche auch über alle anderen Lehren des frühen Buddhismus sagen kann: Niemand weiß sicher, was der Buddha tatsächlich gelehrt hat. Es ist zumindest nahe liegend anzunehmen, dass er über die Wiedergeburt nicht nur gelehrt hat, sondern auch von ihrem Nutzen für die spirituelle Transformation überzeugt war. Und wenn der Buddha ihn für nützlich hielt, wie können wir uns dann anmaßen, darüber zu streiten?

Ich habe schon an früherer Stelle auf den provisorischen und instrumentellen Charakter von Überzeugungen im Buddhismus hingewiesen. Eine »falsche Sichtweise« *(micchādiṭṭhi)* ist nach den buddhistischen Lehren keine faktisch unzutreffende Sicht (wie etwa die Überzeugung, dass der Mond aus grünem Käse besteht), sondern eine, die unseren spirituellen Fortschritt behindert. Das kulturelle Universum, in dem der Buddha lehrte, hat ihn zwangsläufig bei der Vermittlung seiner Einsichten beeinflusst. Beispielsweise nutzte er die traditionelle indische Kosmologie, die heutigen Wissenschaftlern als ziemlich primitiv erscheint. Sicher würden in unserer Zeit nur wenige Buddhisten fordern, wir müssten die altindische Sicht des Universums vollständig akzeptieren. Entscheidend ist vielmehr das Verständnis der spirituellen Botschaft, die man mit seiner Hilfe zum Ausdruck zu bringen versuchte. Einige Ansichten des Buddha über die Welt erscheinen aus heutiger Sicht schlicht und einfach falsch; doch wenn man sich darauf versteift, missversteht man ihre Funktion. Die Lehren des Buddha sind wie ein Floß; deshalb sollten wir sie daran messen, wie erfolgreich sie ihre Funktion erfüllt haben. Entscheidend ist, Sichtweisen, die die spirituelle Transformation fördern, im Lichte veränderter kultureller und persönlicher Umstände neu zu beurteilen: Würde der Buddha heute leben und wirken, hätte er seine Botschaft wahrscheinlich durch andere – möglicherweise sogar durch völlig andere – Bilder und Konzepte vermittelt.

Jeder Übende sollte sich vor einem kategorischen Akzeptieren oder Ablehnen der Wiedergeburt hüten, und eine Untersuchung der Motive für die Aneignung einer bestimmten Sichtweise kann dabei sehr aufschlussreich sein. Häufig fühlen wir uns aus psychologischen Gründen von bestimmten Lehren angezogen oder abgestoßen. Wollen wir beispielsweise ewig leben, erscheint uns die Idee der Wiedergeburt als tröstlich, und wenn wir uns hassen, erscheint uns die Vorstellung, nach dem Tode das Bewusstsein zu verlieren, als erfreuliche Aussicht. Andererseits sollten wir uns nicht verpflichtet fühlen, ein Dogma zu übernehmen, nur weil es ein historischer Bestandteil der spirituellen Tradition ist, der wir uns angeschlossen haben; und ebenso wenig sollten wir vorgeben, von einer Lehre überzeugt zu sein, die wir eigentlich für mit unserer Kultur nicht vereinbar halten. Einem spirituellen Pfad zu folgen, bedeutet nicht, dass wir starre Dogmen übernehmen müssen, sondern dass wir uns bemühen, Egoismus und Hass zu überwinden und unser Leben völlig klar zu sehen.

Einen pragmatischen Umgang mit *Karma* und Wiedergeburt, der mir als recht überzeugend erscheint, habe ich im *Kāḷāma Sutta* gefunden.[110] In diesem Text weist der Buddha darauf hin, dass ein Mensch, der sich um ein ethisches Leben bemüht, auf vier Dinge bauen kann: 1.) Wenn *Karma* und Wiedergeburt tatsächlich existieren, wird er auf Grund seiner heilsamen Lebensweise nach dem Tode in einem der guten Bereiche wiedergeboren werden, eventuell sogar in einer Himmelswelt. 2.) Falls es keine Wiedergeburt gibt, wird er in jedem Fall ein freudiges Leben führen, glücklich und frei von allem Bösen. 3.) Falls Übeltaten Leiden nach sich ziehen, braucht ein ethisch handelnder Mensch nichts zu fürchten, weil er selbst nichts Übles getan hat. 4.) Falls Übeltaten nicht zu Leiden führen, hat ein Mensch, der sich um eine ethisch einwandfreie Lebensweise bemüht, ohnehin nichts zu befürchten.

Somit ist das Wichtigste eine heilsame und mitfühlende Lebensweise. Wenn wir ein solches Leben führen, brauchen wir uns nicht zu sorgen, was nach dem Tode geschieht oder nicht geschieht, denn falls es tatsächlich zu einer Wiedergeburt kommt, haben wir durch unsere Lebensweise eine gute Grundlage für unsere nächste Existenz geschaffen, und falls es keine Wiedergeburt gibt, brauchen wir uns darüber ohnehin keine Sorgen zu machen. Wir brauchen uns nicht darauf zu verlassen, dass wir nach dem Tode irgendeine »Belohnung« bekommen, denn durch die spirituelle Übung können wir hier und jetzt eine für uns sehr vorteilhafte Situation schaffen.

13

ZUM SCHLUSS: DAS VERBUNDENE SELBST

Die traditionellen buddhistischen Lehren über *Karma* und Wiedergeburt bringen zum Ausdruck, dass unsere Handlungen des Körpers, der Sprache und des Geistes nicht nur auf uns selbst, sondern auch auf andere und sogar auf die Welt als Ganzes wirken. Wir schaffen und verwandeln uns Augenblick für Augenblick durch das, was wir denken, sagen und tun. Im Laufe der Zeit entwickeln wir unverwechselbare Gewohnheiten: ein erkennbares »Selbst«, das die Wahrscheinlichkeit des Fortbestehens der einmal entwickelten Gewohnheiten erhöht. Auf diese Weise verfallen wir in einen Trott. So leben die meisten Menschen die meiste Zeit über: gefangen in Denk- und Verhaltensmustern, aus denen sie nicht ausbrechen und über die sie nicht hinausblicken können. Unsere Gewohnheiten engen die Welt, in der wir leben, ein, und dadurch werden unsere Entscheidungsmöglichkeiten sehr stark verringert. Wie Zugpferde mit Scheuklappen immer wieder die gleiche Furche pflügen, dringen auch wir immer tiefer in die Erde des Lebens.

Doch unser Leben ist auch fest mit anderen Leben verbunden. Wir sind nicht völlig getrennt von allem und jedem, sondern in engem Kontakt mit den Menschen in unserer Umgebung: Wir beeinflussen sie, und sie beeinflussen uns. Mensch zu sein bedeutet, zu anderen Menschen in Beziehung zu treten. Unsere Handlungen wirken nicht nur in der Gegenwart auf andere, sondern sie können auch Menschen beeinflussen, die noch gar nicht geboren sind. Wenn wir uns dies klar machen, verstehen wir besser, dass es sehr wichtig ist, wie wir leben. Unser Verhalten kann das Gute in der Welt mehren oder das vorhandene Gute mindern, indem es den Anteil des Bösen vergrößert. Oft scheint es uns, als hätte unser Leben keinen dauerhaften Wert. Dies kann uns veranlassen, uns an irgendeine tröstliche Hoffnung auf ein noch bevorstehendes Leben zu klammern. Es ist schwer, das eigene Leben nicht verzerrt zu sehen und die eigene Wirkung genau einzuschätzen – sowohl die gute als auch die schlechte. Wir können uns nur schwer vorstellen, wie unser Leben ohne unsere guten (oder üblen) Taten hätte gewesen sein können. Es kann nützlich sein, sich einmal zu vergegenwärtigen, wie es sich auf das Leben ausgewirkt hätte, wenn wir nie geboren worden wären: Wäre die Welt dann ein besserer oder ein üblerer Ort?

Dies ist die Grundlage des Films *It's a Wonderful Life* (deutscher Titel: *Ist das Leben nicht schön?*)[112], in dem die Geschichte von George Bailey erzählt wird, der in vielerlei Hinsicht ein ganz gewöhnlicher Mensch ist. Er lebt sein Leben lang in ein und derselben kleinen Stadt (obwohl er vorhat, zu reisen und etwas »Großes« zu tun), er arbeitet in einem Finanzunternehmen und hat eine Frau und Kinder. Sein Leben verläuft ziemlich stumpfsinnig. Gegen Ende des Films gerät George auf Grund einer falschen Anlageentscheidung seines Onkels in die Gefahr, sein ganzes Unternehmen zu verlieren und sich eventuell sogar eine Gefängnisstrafe einzuhandeln. Er ist so verzweifelt, dass er sich wünscht, er wäre nie geboren, und er beschließt, sich umzubringen – ein etwas trauriges Ende für ein ansonsten so unspektakuläres Leben.

Doch in Wahrheit ist Georges Leben ziemlich außergewöhnlich. Er hat durchaus persönliche Interessen gehabt, ist aber mit Situationen konfrontiert worden, in denen er sich gezwungen fühlte, seine Pläne aufzugeben, um auf die Bedürfnisse von Menschen, die ihm nahe standen, einzugehen. Sein ganzes Leben ist ein Kampf zwischen persönlichen Wünschen und objektiven Notwendigkeiten, und er entscheidet sich stets zu Gunsten des Notwendigen. Aber wohin ist er damit gekommen? George glaubt, er sei nirgendwohin gekommen, und schließlich ist er ein armer, unglücklicher Mann am Rande des Ruins und kurz vor dem Selbstmord.

Als George im Begriff ist, sich von einer Brücke zu stürzen, taucht ein Engel auf und wirft sich in das eiskalte Wasser. George springt ihm hinterher, um ihn aus dem Fluss zu retten. Noch immer untröstlich, wünscht er sich weiter, niemals geboren worden zu sein. Der Engel erfüllt ihm diesen Wunsch, indem er ihm zeigt, wie das Leben in der Stadt sich ohne ihn entwickelt hätte. Beispielsweise wäre Georges Bruder dann tot (weil George ihn nicht als Kind vor dem Ertrinken gerettet hätte) und hätte später kein Kriegsheld werden und zahlreichen Menschen das Leben retten können. Die ganze Stadt hätte einen völlig anderen Charakter. Sie wäre von hartem, egoistischem Verhalten geprägt und befände sich unter der Macht eines herzlosen Immobilien-Hais, der viele Bewohner durch hohe Mieten in die Armut triebe.

George wird allmählich klar, dass er durch seine vielen Opfer im Laufe seines Lebens zwar seine persönlichen Pläne zunichte gemacht hat, dass die Stadt, in der er wohnt, von seinen Entscheidungen jedoch unermesslich profitiert hat, weil er durch sein Verhalten unter den Bewohnern Anstand, Güte und Solidarität gefördert hat. Im Getriebe des Alltagslebens vermag George seine positive Wirkung auf das Leben anderer nicht zu erkennen. Indem er vom Geschehen zurücktritt und darüber nachdenkt, wie die Welt ohne all seine kleinen Akte der Güte aussehen würde, erkennt er den wahren Wert seines Wirkens. Er sieht, wie scheinbar geringfügige Freundlichkeiten sich in der Zukunft zu machtvollen positiven Ereignisketten zusammenballen. Er lernt zu schätzen, wie reich er durch sein mitfühlendes Handeln als Individuum geworden ist, und schließlich gelingt es ihm, sein Bedauern wegen seiner unerfüllten Ambitionen zu überwinden.

Die Wirkung alltäglicher Freundlichkeit und Güte sowie auch relativ geringfügig erscheinender Grausamkeiten wird leicht unterschätzt. Oft tritt erst im Laufe der Zeit der wahre Charakter und Einfluss solcher Handlungen zu Tage. Auch wenn die traditionellen buddhistischen Lehren über *Karma* und Wiedergeburt in einem etwas archaischen oder sogar negativen Licht erscheinen mögen, vermitteln sie zeitlose Wahrheiten darüber, was es bedeutet, ein Mensch zu sein. Wir sind mit unserem Tun gegenüber unserem zukünftigen Selbst und gegenüber anderen verantwortlich. Wir haben die Macht, die Welt zum Guten und zum Schlechten zu verändern. Indem wir diese Macht auf mitfühlende Weise nutzen, werden wir unserer Verantwortung dem Leben gegenüber gerecht und überwinden wir die Grenzen des gewöhnlichen Geistes. So bewirken wir durch eine Feder, die wir auf die Waagschale des Lebens legen, dass diese zur Seite des Guten hin ausschlägt.

ANMERKUNGEN UND QUELLENANGABEN

1 Sangharakshita (Übers.), *Dhammapada*, Windhorse Publications, 2001, Verse 1–2, S. 13. Es gibt zahlreiche deutsche Dhammapada-Versionen unterschiedlichen Alters. Hingewiesen sei auf die von Thomas Cleary (Fischer Spirit), die allerdings im Deutschen eine Zweitübersetzung ist. Anm. d. Übers.

2 *Alagaddūpama Sutta* (*Majjhima Nikāya* 22).

3 Dies ist beispielsweise im *Tevijja Sutta* (*Dīgha Nikāya* 13) zu sehen, und es wird erforscht in Michael Pye, *Skilful Means*, Duckworth 1978, S. 126–130.

4 Ganganatha Jha (Übers.), *Śāntarakṣita's Tattvasaṅgraha*, Motilal Banarsidass, Delhi 1939, Vers 3344.

5 Paul Tillich, *Dynamics of Faith*, Harper Torchbooks, New York 1958, S. 49–51; dt.: *Wesen und Wandel des Glaubens*, Frankfurt a. M./Berlin, Ullstein 1961.

6 Lukas 24:13.

7 Richard Holloway, *Doubts and Loves: What is Left of Christianity*, Canongate Books, 2001, S. 59.

8 Martin Heidegger, Basic Writings, Routledge 1993, S. 431; dt.: *Das Ende der Philosophie und die Aufgabe des Denkens*, Niemeyer, Tübingen 1966.

9 Regie: Christopher Nolan, 2000.

10 *Cūḷakammavibhaṅga Sutta* (*Majjhima Nikāya* 135)

11 Bhikku Ñāṇamoli und Bhikkhu Bodhi (Übers.): *The Middle Length Discourses of the Buddha*, Wisdom Publications, 1995, S. 1053.

[12] Christmas Humphreys, *Karma and Rebirth*, Curzon Press, 1994; dt.: *Karma und Wiedergeburt*, Rascher, Zürich 1951.

[13] Diese Sichtweise des Karmas scheint aus der von H. P. Blavatsky geprägten Theosophie zu stammen.

[14] Siehe Steven Collins, *Selfless Persons*, Cambridge 1982, Kapitel 1.

[15] Ibid. S. 46.

[16] Ibid. S. 54.

[17] Ibid. S. 52.

[18] *Kukkuravatika Sutta* (*Majjhima Nikāya* 57).

[19] Richard F. Gombrich, *How Buddhism Began: the Conditioned Genesis of the Early Buddhist Teachings*, Athlone, London 1996.

[20] *Majjhima Nikāya* 56.

[21] In einigen alten Hindu-Schriften mit Namen *Purāṇas* wird diese Sicht vertreten.

[22] *Tittha Sutta* (*Aṅguttara Nikāya* 3.61).

[23] *Cūḷakammavibhaṅga Sutta* (*Majjhima Nikāya* 135).

[24] *Majjhima Nikāya* 101.

[25] Siehe auch das *Tittha Sūtta* (*Aṅguttara Nikāya* 3.61).

[26] *Dhammapada*, a. a. O., Vers 165.

[27] Im *Avataṃsaka Sutra* oder (Buddha-)Ornament-Sūtra.

[28] Richard Hayes, *Land of No Buddha*, Windhorse Publications, Birmingham 1998, S. 76.

[29] Ihre Geschichte wird in Thomas Keneallys Buch *Schindlers Liste* (Bertelsmann, Gütersloh 1994) erzählt.

[30] Sogyal Rinpoche, *The Tibetan Book of Living and Dying*, Rider, London 1992, S. 96; dt.: *Das tibetische Buch vom Leben und vom Sterben*, O.W. Barth, München/Bern 1993.

[31] Ani Pachen und Adelaide Donnelley, *Sorrow Mountain*, Doubleday, 2000; dt.: *Licht im Dunkel der Nacht*, Krüger, Frankfurt a. M. 2001.

[32] Ibid. S. 143.

[33] *The Times*, 26. Juni 2002, S. 15.

[34] *The Times*, 1. November 2002, S. 1 u. 5.

[35] *Moḷiyasīvaka Sutta* (*Saṃyutta Nikāya* 36,21).

[36] Die gleiche Liste verursachender Faktoren ist im *Putta Sutta* (*Aṅguttara Nikāya* 4.87), im *Ṭāna Sutta* (*Aṅguttara Nikāya* 4.125) und im *Girimānanda Sutta* (*Aṅguttara Nikāya* 10.60) zu finden.

[37] Übers. T. W. Rhys Davids, 1894, und immer noch erhältlich.

[38] Bhikku Pesala (Hg.), *The Debate of King Milinda*, Motilal Banarsidass, Delhi 1991, S. 39; dt. Parallelstelle: *Milindapañha* (Hg. Nyanaponika), O.W. Barth/Scherz, 1998, S. 153f.

[39] Buddhaghosa, *Aṭṭhasālini*, Pe Maung Tin (Übers.), Pali Text Society, 1976, ii.360.

[40] Erläuterungen der *dharma-niyama* in Sangharakshita, *Who is the Buddha?* Windhorse Publications, Birmingham 1995, S. 105–108.

[41] Lukas 6:27–28.

[42] Mehr zu *Kṣitigarbha* in Vessantara, *Meeting the Buddhas*, Windhorse Publications, Glasgow 1993, S. 198–201; dt. in: Vessantara, *Zum Wohl aller Wesen*, do evolution, Essen 2001.

[43] *Aññatitthiya Sutta* (*Saṃyutta Nikāya* 12.24). Die drei folgenden Suttas beschäftigen sich mit genau dem gleichen Thema.

[44] Sangharakshita, *The Three Jewels*, Windhorse Publications, Birmingham 1998, S. 62–3.

[45] *Nibbedhika Sutta* (*Aṅguttara Nikāya* iii. 65).

[46] Dies wird im *Upāli Sutta* (*Majjhima Nikāya* 56) erläutert.

[47] *Lobha*, *dveṣa* und *moha*.

[48] Siehe beispielsweise das *Parikuppa Sutta* (*Aṅguttara Nikāya* 5.129).

[49] George Eliot (Mary A. Evans), *Silas Marner*, Sutton Publishing, Gloucestershire 1991; dt.: *Silas Marner*, Manesse, München 1994.

[50] *Rūpa*, *vedanā*, *saṃjñā*, *saṃskāras* und *vijñāna*.

[51] *Majjhima Nikāya* 135.

[52] *Udāna* 5.3.

[53] Thomas Hardy, *The Mayor of Casterbridge*, Bantam, New York 1994; dt.: *Der Bürgermeister von Casterbridge*, Reclam, Stuttgart 1996.

[54] *Dhammapada*, a. a. O., Vers 127.

[55] *Majjhima Nikāya* 136.

[56] z. B. *Dhammapada*, Verse 137–140.

[57] *Dhammapada*, Vers 240.

[58] Brian Keenan, *An Evil Cradling*, Vintage, 1993.

[59] J. B. Priestley, *An Inspector Calls and Other Plays*, Penguin, 2001; dt.: *Ein Inspektor kommt*, Reclam, Stuttgart, o. J.

[60] Ibid. S. 207.

[61] Ibid. S. 219.

[62] *Aṅguttara Nikāya* 3.99.

[63] Nicholas Tomalin et al., *The Strange Last Voyage of Donald Crowhurst*, International Marine/Ragged Mountain Press, 2001; dt.: *Die sonderbare Reise des Donald Crowhurst*, Piper, München 1994.

[64] *Saṃyutta Nikāya* 42.6.

[65] Richard Gombrich, *Buddhist Precept and Practice*, Motilal Banarsidass, Delhi 1991.

[66] Dazu zählten auch die Vaibhāṣikas, Anhänger der Sarvāstivāda-Schule in einer späteren Phase. Siehe hierzu: Richard Gombrich, *How Buddhism Began*, a. a. O., S. 56.

[67] Ibid. S. 57. Kanonische Quellen, die diese Sicht darlegen, sind unter anderem das *Vimāna Vatthu* und das *Nidhikaṇḍa Sutta* (beide im *Khuddhaka Nikāya*).

[68] *Apostelgeschichte* 9:1–19.

[69] Ibid. 9:4.

[70] *Aṅgulimāla Sutta* (*Majjhima Nikāya* 86).

[71] Regie: Peter Weir, 1998.

[72] William Shakespeare: *Hamlet* 3,1.

[73] Edward Conze, ein bekannter Buddhologe, hat drei Gründe angeführt, aus denen die Lehre von der Wiedergeburt insbesondere auf »reiche alte Frauen« attraktiv wirke. Erstens ermögliche sie ihnen zu glauben, dass sie in der Vergangenheit eine malerische Existenz als ägyptische Prinzessinnen und dergleichen erlebt hätten; zweitens würden sie dadurch von ihren Schuldgefühlen

aufgrund ihrer sozialen Stellung befreit, weil die Wiedergeburtslehre ihnen zusichere, dass sie ihren Reichtum und ihre Privilegien als Belohnung für frühere gute Taten verdient erhalten hätten; und drittens verspreche diese Lehre ihnen, dass ihr kostbares Selbst bei ihrem Tod nicht verloren gehe. *Memoirs of a Modern Gnostic*, Bd. 2, Samizdat Publishing Company, Sherborne 1979, S. 33.

74 Ninian Smart, *Doctrine and Argument in Indian Philosophy*, Allen and Unwin, 1964, S. 159, weist darauf hin, dass nur die Materialisten die Wiedergeburt geleugnet haben; nach ihrem Niedergang sei sie nicht mehr infrage gestellt worden.

75 Bhikku Pesala, a. a. O., S. 10; dt. Parallelstelle, *Milindapañha*, a. a. O., S. 66.

76 Ibid. S. 12; dt. Parallelstelle, *Milindapañha*, S. 72 f.

77 Siehe beispielsweise das *Mahātaṇhāsaṅkhaya Sutta* (*Majjhima Nikāya* 38).

78 Beispielsweise die Vaibhāṣikas. Ausführlichere Information in Richard Gombrich, *How Buddhism Began*, a. a. O., S. 56.

79 Eine etwas ausführlichere Darstellung dieser Anschauungen befindet sich in James P. McDermott, »Karma and Rebirth in Early Buddhism«, in Wendy Doniger O'Flaherty, *Karma and Rebirth in Classical Indian Traditions*, Motilal Banarsidass, Delhi 1983.

80 *Cūḷamālunkya Sutta* (*Majjhima Nikāya* 63).

81 Jede dieser Fragen wird im Sinne eines »Tetralemmas« gestellt, das folgende Form hat: 1.) Ist es A? 2.) Ist es nicht A? 3.) Ist es sowohl A als auch nicht A? 4.) Ist es weder A noch nicht A?

82 In einigen Darstellungen werden die Bewohner des Bereiches der zornigen Götter zwischen den Bereichen der Pretas und der Götter aufgeteilt. Weitere Informationen hierzu in *Abhidharmakośabhāṣyam*, Asian Humanities Press, 1991, Bd. 2, S. 500, n. 26.

83 *Majjhima Nikāya* 129.24.

84 Weiteres zu den traditionellen Beschreibungen der Höllen im *Devadūta Sutta* (*Majjhima Nikāya* 130).

85 Aus W. B. Yeats, »The Lotos-Eaters« (1835).

[86] Empfohlen wird die Übersetzung von Robert Thurman, *The Tibetan Book of the Dead*, HarperCollins, 1998; dt.: *Das Tibetische Totenbuch*, Krüger, Frankfurt a. M. 1996.

[87] Diese These erfordert eine sehr genaue und engagierte Lektüre der frühen Texte. Siehe Peter Harvey, *The Selfless Mind*, Routledge-Curzon 1995, insbesondere Kapitel 6.

[88] Es soll einen Typus des »Niewiederkehrenden« *(anāgāmin)* geben, der im Zwischenzustand spirituelles Erwachen erreicht. Siehe hierzu beispielsweise das *Saṃyojana Sutta* (*Aṅguttara Nikāya* 4.131). Diese Sichtweise setzt den Glauben an einen Zwischenzustand voraus.

[89] Die folgende Beschreibung des Zwischenzustandes stammt aus Vasubandhus *Abhidharmakośabhāṣyam*, Übers. Leo M. Pruden, Asian Humanities Press, Berkeley 1991, Bd. 2, Kapitel 3.

[90] Das Himmlische Auge oder *dibbacakkhu* ist eine übernatürliche Kraft, die angeblich dazu befähigt, das Vergehen und In-Erscheinung-Treten von Wesen im Einklang mit ihrem Karma zu sehen. Siehe hierzu beispielsweise das *Mahā-Assapura Sutta* (*Majjhima Nikāya* 39.20).

[91] Glenn H. Mullin, *Death and Dying in the Tibetan Tradition*, Arkana, 1986.

[92] Vicki MacKenzie, *Reborn in the West*, HarperCollins, 1997; dt.: *Im Westen wiedergeboren*, Diamant, Kaltern 1996.

[93] Ibid.

[94] Morey Bernstein, *The Search for Bridey Murphy*, Doubleday, 1989; dt.: *Der Fall Bridey Murphy*, Zierau, 1957. Film: *The Search for Bridey Murphy*, Regie: Noel Langley, 1956.

[95] z. B. *Twenty Cases Suggestive of Reincarnation*, University Press of Virginia, Charlottesville 1995; dt.: z. B. *Reinkarnation*, Kamphausen, Bielefeld 1994.

[94] Tom Shroder, *Old Souls: The Scientific Search for Evidence of Past Lives*, Simon and Schuster, 2001.

[97] Ibid. S. 173.

98 Ibid. S. 239.

99 Siehe David Bishai, »Can Population Growth Rule out Reincarnation? A Model of Circular Migration«, *Journal of Scientific Exploration*, Jahrg. 14, Nr. 3, S. 411–420, 2000.

100 *Ānanda Sutta* (*Saṃyutta Nikāya* 44,10).

101 *Acela Sutta* (*Saṃyutta Nikāya* 12.17).

102 Richard Dawkins, *The Selfish Gene*, Oxford, 1976; dt.: *Das egoistische Gen*, Spektrum, Heidelberg u. a. 1994, S. 309.

103 Ibid. S. 206–207.

104 Henrik Ibsen, *Peer Gynt*, 5. Akt.

105 *Matthäus* 25:14 ff.

106 Siehe beispielsweise *Apaṇṇaka Sutta* (*Majjhima Nikāya* 60.5–9).

107 »Affirming the Truths of the Heart: The Buddhist Teachings on Saṃvega and Pasada«, http://www.accesstoinsight.org/lib/modern/thanissaro/affirming.html

108 Anthony Kenny (Hg.), *The Wittgenstein Reader*, Blackwell, 1994, S. 302; dt.: *Vermischte Bemerkungen*, Suhrkamp, Frankfurt a. M., 1977, S. 123 (1947).

109 *Mahā-Assapura Sutta* (*Majjhima Nikāya* 39.19–21 und *passim*).

110 *Pubbe nivāsānussati-ñāṇa*, *dibba-cakkhu-ñāṇa* und *āsava-khaya-ñāṇa*.

111 *Aṅguttara Nikāya* 3.65.

112 Regie: Frank Capra, 1947.

LEKTÜRE-EMPFEHLUNGEN

Traditionelle Quellen

In den frühbuddhistischen Schriften gibt es viele Bezugnahmen auf *Karma* und Wiedergeburt. Im Folgenden werden einige der wichtigsten erläutert.

Die kürzere Darlegung über *Karma* (*Cūḷakammavibhaṅga Sutta*, *Majjhima Nikāya* 135).

Eine »klassische« Erklärung des *Karmas* als wichtigste Möglichkeit, Unterschiede zwischen Menschen zu erklären, angefangen von der ökonomischen Ungleichheit bis hin zur persönlichen Erscheinung.

Die größere Darlegung über *Karma* (*Mahākammavibhaṅga Sutta*, *Majjhima Nikāya* 136)

Dieses Sutta beschreibt, dass das Wirken des *Karmas* nicht immer offensichtlich ist. Beispielsweise kann jemand, der etwas Übles tut, scheinbar belohnt werden, oder umgekehrt. Früher oder später jedoch gelangen die Früchte des *Karmas* zur Reifung.

Die Lehrrede mit Upāli (*Upāli Sutta*, *Majjhima Nikāya* 56)
Dieses sehr unterhaltsame Sutta, in dem der Buddha Upāli, einen Anhänger der Jain-Religion, bekehrt, hebt die beherrschende Rolle des Geistes für das *Karma* hervor.

Der Hunde-Asket (*Kukkuravatika Sutta*, *Majjhima Nikāya* 57)

Dieses ironische und humorvolle Sutta zeigt, dass unterschiedliche Intentionen unterschiedliche Resultate erzeugen – ethische Impulse sind nicht immer eindeutig positiv.

Das *Devadaha Sutta* (*Majjhima Nikāya* 101)

In diesem faszinierenden Sutta kommt der Buddha mit einer Gruppe von Jain-Asketen ins Gespräch, hilft ihnen, sich über die Beschränktheit ihrer Sicht des *Karmas* klar zu werden, und legt in diesem Zusammenhang seine eigene Sichtweise dar.

Das Salzkristall (*Lonaphala Sutta*, *Aṅguttara Nikāya* 3.99)

Dieses Sutta zeigt, wie die Wirkungen von Karma je nach ethischem Zustand des Handelnden unterschiedlich ausfallen.

Sīvaka mit dem Dutt (*Moḷiyasīvaka Sutta*, *Saṃyutta Nikāya* 36.21)

Dieses kaum bekannte, aber sehr wichtige Sutta legt die Auffassung dar, dass nicht alles, was geschieht, eine Folge von *Karma* ist; es gibt auch noch andere verursachende Bedingungen.

Aus dem Westlichen Land (*Pacchābhūmaka Sutta*, *Saṃyutta Nikāya* 42.6)

Dieses köstliche Sutta veranschaulicht, dass *Karma* ein natürliches Prinzip ist, das man nicht beispielsweise durch Magie außer Kraft setzen kann.

Das Muschelhorn (*Saṅkha Sutta*, *Saṃyutta Nikāya* 42.8)

Dieses Sutta kritisiert die vereinfachende Sichtweise, dass »alles, was wir häufig tun, unsere zukünftige Wiedergeburt determinieren wird.« Einige üble Handlungen kann man in sehr kurzer Zeit ausführen, doch sie haben eine unverhältnismäßig viel stärkere Wirkung.

Übersetzungen

Generell sei hier zu den Primärquellen die Website palikanon.com empfohlen, die den Text vieler im Buch erwähnter Sutras in deutscher Sprache enthält und jeweils aktuell auf Deutsch erhältliche Übersetzungen nennt. Anm. d. Übers.

Bhikkhu Ñāṇamoli und Bhikkhu Bodhi (Übers.), *The Middle Length Discourses of the Buddha* (*Majjhima Nikāya*), Wisdom Publications, Boston 1995; dt.: *Die Lehrreden des Buddha aus der Mittleren Sammlung*, Jhana-Verlag, 2001.

Bhikkhu Bodhi (Übers.), *The Connected Discourses of the Buddha* (*Saṃyutta Nikāya*), Wisdom Publications, Boston 2000.

Kommentare

Steven Collins, *Selfless Persons*, Cambridge 1982.
Dieses Werk enthält wichtige Erläuterungen zur Entwicklung der buddhistischen Lehren über *Karma* und Wiedergeburt.

Peter Harvey, *The Selfless Mind*, Curzon, 1995.
Dieses Werk untersucht eine Anzahl wichtiger Themen, die mit den Lehren über *Karma* und Wiedergeburt zusammenhängen, beispielsweise die Natur des Selbst im Buddhismus.

Christmas Humphreys, *Karma and Rebirth*, Curzon 1994; dt.: *Karma und Wiedergeburt*, Rascher, Zürich 1951.
Dieses gut geschriebene Buch wurde erstmals in den 1940er-Jahren veröffentlicht. Sein Wert wird beeinträchtigt durch die Einbeziehung theosophischer Anschauungen und durch ein mangelndes Verständnis der *niyamas*. Es macht keinen deutlichen Unterschied zwischen *Karma* und dem allgemeinen Prinzip des Entstehens in Abhängigkeit.

Geshe Kelsang Gyatso, *Living Meaningfully, Dying Joyfully*, Tharpa, 1999.
Eine Darlegung der traditionellen Anschauungen des Tibetischen Buddhismus über Tod und Wiedergeburt.

Glenn H. Mullin, *Death and Dying: The Tibetan Tradition*, Arkana, 1986.
Enthält wertvolles Material über die tibetische Tradition.

Richard F. Gombrich, *How Buddhism Began: the Conditioned Genesis of the Early Buddhist Teachings*, Athlone, London 1996.
Diese äußerst lehrreiche akademische Darstellung beschreibt detailliert Ursprünge und Entwicklung der buddhistischen *Karma*-Vorstellungen.

Wendy Doniger O'Flaherty, *Karma and Rebirth in Classical Indian Traditions*, Motilal Banarsidass, Delhi 1983.

Dieses sehr akademische Buch beschreibt die buddhistischen Vorstellungen über *Karma* und Wiedergeburt im allgemeinen indischen sozio-religiösen Kontext.

Vicki MacKenzie, *Reborn in the West*, HarperCollins, 1997; dt.: *Im Westen Wiedergeboren*, Diamant, Kaltern 1996.

Dieses faszinierende Buch enthält eine Anzahl von Fallstudien über Buddhisten, die im Westen wiedergeboren worden sein sollen.

Bhikkhu Pesala, *The Debate of King Milinda*, Motilal Banarsidass, Delhi 1991; dt.: *Milindapañha*; aus dem Pali von Nyanatiloka, O.W. Barth/Scherz 1998.

Die englische Version ist eine gekürzte Version des Pali-Werkes, das ausführliche Erörterungen zu *Karma* und Wiedergeburt enthält, wodurch der Eindruck entsteht, dass dies für die frühbuddhistische Tradition äußerst wichtige Themen waren.

Sangharakshita, *The Three Jewels*, Windhorse Publications, Birmingham 1998.

Dieses Buch erörtert buddhistische Vorstellungen über *Karma* und Wiedergeburt im Kontext der allgemeinen buddhistischen Sichtweise, einschließlich der buddhistischen Kosmologie.

Sangharakshita, *Who is the Buddha?* Windhorse Publications, Birmingham 1994.

Kapitel 7 enthält einen ausführlichen Überblick über eine Anzahl wichtiger Aspekte der Themen *Karma* und Wiedergeburt.

Tom Shroder, *Old Souls*, Simon and Schuster, 2001.

Die sehr gut geschriebenen Aufzeichnungen eines Journalisten, der Professor Ian Stevenson, den berühmten Erforscher angeblicher Wiedergeburten, auf seinen Studienreisen begleitete.

Francis Story, *Rebirth as Doctrine and Experience: Essays and Case Studies*, Buddhist Publication Society, 1975.

Bezieht sich auf die Arbeit von Ian Stevenson und versucht, mit Hilfe von Fallstudien die Realität der Wiedergeburt zu untermauern.

Subhuti, *The Buddhist Vision*, Windhorse Publications, Birmingham 2001.

Behandelt viele für die Themen *Karma* und Wiedergeburt relevante Aspekte aus der Sicht eines modernen westlichen Lesers.

Robert A. F. Thurman (Übers.), *The Tibetan Book of the Dead*, Harper-Collins, 1998; dt.: *Das Tibetische Totenbuch*, Krüger, Frankfurt a. M. 1996.

Eine neuere Übersetzung der klassischen tibetischen Darstellung von Tod, Zwischenzustand und Wiedergeburt.

Martin Willson, *Rebirth and the Western Buddhist*, Wisdom Publications, 1987.

Dieses kurze Buch enthält eine Darstellung der tibetischen Anschauungen über *Karma* und Wiedergeburt, also nicht ganz das, was der Titel eigentlich verspricht.

ÜBER DEN AUTOR

Nagapriya wurde 1969 geboren und ist im ländlichen South Gloucestershire aufgewachsen. Er hat an der Universität Leeds Philosophie studiert und kam am *Leeds Buddhist Centre* zum ersten Mal mit dem Buddhismus in Kontakt. Nach Abschluss seines Studiums siedelte er nach Manchester über, wo er in den *Western Buddhist Order* aufgenommen wurde. Bis 1997 fungierte er als Lehrer und Organisator im *Manchester Buddhist Centre*.

Nach einer Phase des Reisens arbeitete Nagapriya von 1998 bis 2003 im *Dharmavastu Centre for Buddhist Inquiry*. In dieser Zeit lehrte er im Rahmen vieler geschlossener Retreats, entwickelte buddhistische Fernstudienprogramme und baute ein Förderprogramm auf, das indischen Buddhisten mit Hilfe von Stipendien ein Studium im Dharmavastu-Zentrum ermöglicht.

Nagapriya lebt heute in der Nähe von Manchester und bereitet sich auf das Magisterexamen in Religionswissenschaft vor. Außerdem arbeitet er mit Schülern, die unter Dyslexie leiden. Er hat eine Reihe von Artikeln für die *Western Buddhist Review* verfasst. »Schlüssel zu Karma und Wiedergeburt« ist sein erstes Buch.

Es gibt in Deutschland mehrere buddhistische Zentren, die dem *Western Buddhist Order* und den *Friends of the Western Buddhist Order* angegliedert sind. Informationen unter folgender Adresse:

Buddhistisches Zentrum Essen
Herkulesstr. 13a
45127 Essen
Tel.: 0201/23 01 55
Fax: 0201/220 09 61
www.fwbo.de
essen@fwbo.de

Dank

Wie alle Dinge ist auch dieses Buch in Abhängigkeit von vielen Bedingungen entstanden. Seinen Anfang nahm es als Vortrag, den ich anlässlich einer von *Clear Vision Education* organisierten Konferenz vor Schülern der sechsten Klasse hielt. Ich möchte *Clear Vision* für die Anregung danken, über die in diesem Buch behandelten Themen nachzudenken. Außerdem danke ich dem *Dharmavastu Centre for Buddhist Inquiry* für die Erlaubnis, seine Bibliothek zu benutzen und neben meinen dortigen Lehrverpflichtungen an diesem Buch zu arbeiten.

Weiterhin möchte ich all jenen danken, die mit mir über die hier behandelten Themen diskutiert, gestritten und gestaunt haben. Ganz besonders danke ich einer Gruppe von Schülern, die sich im Jahre 2001 mit mir zusammen eine Woche lang mit Karma und Wiedergeburt beschäftigt hat. Für Unterstützung, Kommentare und Vorschläge danke ich den Dharmacharis Abhaya, Jnanaketu, Ratnaguna, Ratnaprabha und Vadanya sowie Dharmacharini Shuddhabna, Will Buckingham, Dr. Steve Pettifer von der *University of Manchester* und Dr. Simon O'Sullivan vom *Goldsmith's College* in London. Schließlich gilt mein Dank *Windhorse Publications* für das Lektorat und die Realisation dieses Buches.